草原保险研究

郭新雅　赵元凤　著

中国金融出版社

责任编辑：明淑娜
责任校对：孙　蕊
责任印制：陈晓川

图书在版编目（CIP）数据

草原保险研究/郭新雅，赵元凤著．—北京：中国金融出版社，2024.1
ISBN 978－7－5220－2169－0

Ⅰ.①草…　Ⅱ.①郭…②赵…　Ⅲ.①草原—农业保险—研究—中国　Ⅳ.①F842.66

中国国家版本馆CIP数据核字（2023）第182613号

草原保险研究
CAOYUAN BAOXIAN YANJIU
出版发行　中国金融出版社
社址　北京市丰台区益泽路2号
市场开发部　(010)66024766，63805472，63439533（传真）
网上书店　www.cfph.cn
　　(010)66024766，63372837（传真）
读者服务部　(010)66070833，62568380
邮编　100071
经销　新华书店
印刷　河北松源印刷有限公司
尺寸　169毫米×239毫米
印张　11
字数　159千
版次　2024年1月第1版
印次　2024年1月第1次印刷
定价　45.00元
ISBN 978－7－5220－2169－0
如出现印装错误本社负责调换　联系电话（010）63263947

摘　要

草原是中国的主要自然资源，中国草原面积占国土面积的41.7%，是耕地面积的2.91倍、森林面积的1.89倍。内蒙古自治区草原面积0.88亿公顷，占全国草原总面积的22%，占全内蒙古土地总面积的74%。草原是重要的国家生态安全屏障，具有较强的固碳和应对气候变化的能力，同时草原也是草原畜牧业的重要资源，对社会经济发展至关重要。但草原的风险频发严重威胁草原生态安全和草原畜牧业生产经营，发生频率高的旱灾风险和雪灾风险，造成损失大的火灾风险和生物灾害风险，以及人类不合理活动形成的人为风险，均对草原产生了严重影响，造成了巨大的损失。因此，探究科学的草原风险管理方法，保障草原生态安全和生产安全，不仅是草原畜牧业可持续发展的重要基础，也是"构筑中国北方重要的生态安全屏障"的必要之举。2019年9月19日，中国财政部、农业农村部、银保监会、林草局联合印发的《关于加快农业保险高质量发展的指导意见》明确将政策性草原保险正式纳入政府保费补贴的农牧业保险体系中。明确草原风险的区域差异、准确识别草原风险类型，在此基础上进行草原风险管理是完善草原风险管理制度的重要基础和前提。

基于以上背景，本书综合运用风险管理学、保险学、灾害学、计量经济学等相关理论和方法，以草原的风险为研究对象，在经济高质量发展和生态文明建设的双重要求下，探究如何最优化地管理草原的风险，以期为优化草原的风险管理制度建设提出科学、翔实的理论与实证依据。本书主要解决以下三个研究问题。

第一，草原综合风险的空间分异规律是什么？

在区域灾害系统理论的四因子论和草原风险形成原因及致损机理的基础上，本书构建了草原综合风险评估的三级分析框架，将多重风险相互作用纳入草原综合风险评估的指标体系中，利用该指标体系从空间角度对锡林郭勒盟12个旗县的草原综合风险进行聚类分析，将风险大小较一致的县域归为一类，同时对每个风险区的风险大小进行判别，从而得到锡林郭勒草原综合风险区划图。

第二，适用于草原的保险产品类型是什么？草原保险的指数如何确定？

针对草原特点及其风险的特征，适用于草原的保险产品类型是什么？在明确草原保险产品类型后，草原指数保险的指数如何选择？本部分从理论和实证两个层面出发，首先，从保险理论角度分析了草原保险应该是什么，并借鉴国际经验，确定适用于草原的保险产品类型。其次，从风险形成原因角度识别草原风险形成的关键致灾因子，并构建致灾因子与草原风险损失的定量关系，得到了草原指数保险的适宜指数。

第三，如何科学厘定草原保险费率？

保险合约设计的关键是精细化厘定保险费率，精细化保险费率可在一定程度上避免道德风险和逆向选择，从长远来看有利于保险的稳定持续发展。因此，本部分基于非寿险精算理论、概率分布理论和期望效用理论，首先依据ARIMA模型预测湿度指数保险的触发值，并划分不同保障水平下湿度测度指标；其次依据湿度测度指标与草原风险损失指标的定量关系确定气候减产率；最后根据期望效用函数计算不同风险区下的草原湿度指数保险纯费率。

本研究的主要结论如下。

第一，从空间维度来看，锡林郭勒草原综合风险分布具有明显的差异特征。基于草原综合风险评估的三级分析框架，构建草原综合风险评估指标体系对草原综合风险进行区划，研究区分为低、中、高和极高4个风险区。其中，正镶白旗、正蓝旗、太仆寺旗和多伦县为低风险区，东乌旗为中风险区，阿巴嘎旗、锡林浩特市和西乌旗为高风险区，苏尼特左旗、苏尼特右旗、镶黄旗和二连浩特市为极高风险区。

第二，指数型保险产品适用于草原。指数型保险产品具有减少信息不对称和降低交易成本的突出优点，同时，从被保险人对指数型保险产品的理解程度和保险人对指数型保险产品供给的便利程度角度来看，指数型保险产品是草原保险的最佳选择。此外，从国际发展经验来看，草原保险产品类型的发展经历了损失补偿型保险到指数型保险的转变。从保险市场角度来看，气象指数保险更符合草原特点，且便于承保机构的经营管理。因此，指数型保险产品，特别是气象指数保险产品是相对恰当的草原保险产品。

第三，湿度指数适用于草原指数保险。从指数选取原则的角度出发，指数对风险损失的解释能力越强，效果越优，建模发现气象指数优于人为指数，且在多种气象指数中，无论从时间维度，还是从空间维度，湿度指数均能够比较好地刻画草原风险损失。因此，湿度指数为草原指数保险产品的适宜指数。

第四，从纯费率的时间分布来看，月度保险纯费率较年度保险纯费率更具有代表性，即月度保险费率更贴合实际，且在40%和60%的保障水平下，均呈现出1～6月湿度保险纯费率普遍高于7～12月的纯费率。

第五，从纯费率的空间分布来看，保险纯费率的空间差异明显，在40%和60%的保障水平下，草原湿度指数保险均呈现出极高风险区时的纯费率最高，高风险区次之，中风险区和低风险区的纯费率分别排第3、第4位。

本研究的创新点为：第一，本研究改善了草原综合风险评估与区划的框架。本书融合天—地—空的多源数据，将草原多种风险纳入同一研究框架中，进行草原综合风险评估与区划，弥补了草原综合风险评估与区划研究的空白，并识别和量化了草原多重风险间的相互作用关系，完善了草原综合风险评估与区划的指标体系，以此构建了草原综合风险评估与区划的框架，得到了草原综合风险区划图。第二，本研究确定了适用于草原天气指数保险的指数。基于指数保险的设计原则，识别出了对草原风险损失解释能力最强的致灾因子并将其作为指数，提高了指数对草原风险损失的解释能力，弥补了前人研究中指数保险的设计基差风险过大的问题。第三，本研究提供了不同风险区、不同保障水平下、不同月份的纯费率，每个风险区有其对应的费率使风险与费率相近，从而进一步满足费率与风险对等的保险设计原则。同时，提供了不同保障水平下和不同月份的费率，为牧户提供了更多的保险选择，满足投保者的需求，从而进一步满足保险设计原则中的最大需求满足原则。第四，本研究发现了保险的设计可以以保障致灾因子为核心，这不仅可以提高保险保障效率，还可以解决因数据的质量低和数量不足导致的产品难以设计或设计难以精细化等问题。

目　　录

1 绪　　论

1.1 研究背景与提出问题

中国草原资源丰富，草原面积近 4 亿公顷，居世界第二，占全球草原面积的 13%，占国土面积的 41.7%（韩成吉等，2020；侯向阳，2019）。从中国各类土地资源来看，草原资源面积最大，占国土面积的 40.9%，是耕地面积的 2.91 倍、森林面积的 1.89 倍（侯向阳等，2019）。其中，内蒙古自治区草原面积居全国第二位，草原面积 0.88 亿公顷，占中国草原总面积的 22%，占内蒙古自治区土地总面积的 74%[①]。草原不仅是重要的国家生态安全屏障，也是现代农业和现代畜牧业发展的重要资源，对社会经济发展至关重要。草原的储碳和固碳能力强，对气候变化的适应性强，在气候极端变化的未来，成为保护生态的重要载体；草原提供了反刍动物所必需的生长原料，满足了全球人口不断增加、人民生活水平逐渐提高所带来的对动物蛋白需求的增加；草原转化为动物蛋白的效率最高，节约了成本，实现了更高的经济价值（O'Mara，2012）。

但是，自然灾害风险频发和人类不合理活动已严重威胁草原生态安全和草原畜牧业生产经营。草原最主要的自然灾害有气象灾害风险，如旱灾风险、雪灾风险、火灾风险等；生物灾害风险，如病、虫、鼠灾等；人为灾害风险，如过牧等（李岚和侯扶江，2016；胡红霞，2010）。其中，旱灾风险发生较频繁，草原和牲畜受旱灾风险影响最严重。以内蒙古为例，对《内蒙古水旱灾害》527 年的旱灾风险史料分析发现，527 年中，有 204 年

① 资料来源：内蒙古自治区林业和草原局，《内蒙古自治区林业和草原资源概况》，2019 年 10 月。

发生旱灾风险，旱灾风险发生率为38.71%，平均2~3年发生一次，重大旱灾风险的发生率为11.39%，平均8~9年发生一次。据内蒙古草原旱灾风险损失统计，草原受灾面积广、受灾牲畜数量多，1990—2007年，草原总受旱灾风险面积为86.24万公顷，其中未返青草原面积45.93万公顷，约占草原受旱总面积的53.25%，干枯草原面积25.63万公顷，占草原受旱总面积的29.72%。受旱灾畜牧总数1.51亿头，其中死亡0.49亿头，造成畜牧业直接经济损失439.19亿元，占地区生产总值的1.25%（李晶，2010）；雪灾风险年际波动幅度大，发生频率较高，给畜牧业生产和牧民生活造成了巨大的损失。据统计，1949年以来，草原牧区发生较大雪灾风险百余次，直接或间接导致死亡牲畜达2.4亿多头（只），造成经济损失超过千亿元①。其中，锡林郭勒盟是草原风险发生频率最高的地区，近50年来，锡林郭勒草原2~3年发生一次雪灾风险，其中11月发生雪灾风险的次数占比超过50%，3~4月发生的雪灾风险次数占比约40%（李岚和侯扶江，2016）；中国是世界上草原火灾风险易发区，在近4亿公顷草原中，火灾风险易发区占1/3，频繁发生火灾风险的面积占1/6。草原火灾风险造成的经济损失大，据统计，1949—2014年，中国累计发生草原火灾风险5万多次，受灾草原面积累计达2亿公顷，造成经济损失600多亿元，平均每年损失近10亿元。草原火灾风险导致的人员和牲畜伤亡严重。1991—2014年，全国共发生草原火灾风险8039起，其中，烧死烧伤264人，烧死牲畜6万多头（只），被迫转移牲畜832万多头（只）②。人为风险是影响草原的另一个重要因素。人为风险主要包括放牧、割草、垦殖、采挖、工矿、道路和旅游等，其中，放牧是影响草原最重要的因素（王云霞，2010）。据统计，2001年以来，草原牲畜总数量呈现先升后降的趋势。以内蒙古为例，2001年年产牲畜总数为6130.1万头，到2015年牲畜数量达到顶峰，为7450.8万头，2001—2015年牲畜数量增长了21.54%，2015年后逐渐回落，到2019年，牲畜数量为7031.6万头，较2015年下降了5.63%。由牲畜数量上升引起的放牧强度增强，导致了牧草产量出现了逐渐下降的趋势（张珺

---

① 资料来源：2016—2020年《牧区草原防灾减灾工程规划》。

② 资料来源：2016—2020年《牧区草原防灾减灾工程规划》。

和任鸿瑞，2017；穆少杰等，2013）。人类过度放牧行为会加剧草原退化，从而使自然灾害发生频率和造成的损失程度增加。

为了保障草原免受或减受多种风险的影响，中国政府实施了一系列草原保护管理政策，包括草原生态保护补助奖励政策和草原灾害防控体系等。其中，草原生态保护补助奖励政策目标是“保护草原生态，保障牛羊肉等特色畜产品供给，促进牧民增收”，包括禁牧补助、草畜平衡奖励、给予牧民生产性补贴和绩效考核奖励。但是它忽略了草原生产力的季节性和年度变化、未考虑草原土壤时空异质性和退化的阶段性、忽略了部分牧民的生产生活需求（侯向阳等，2019）、补偿标准低，不足以弥补农牧户的相关损失（杨春等，2019），未建立动态调整机制。草原灾害防控体系主要针对天然草原的生物灾害、火灾和鼠灾进行预防监测和预警，但目前监测预警能力较低、应急防控能力较弱、科技创新能力不强。总之，中国目前草原灾害风险的管理工具以政策型为主，管理方法单一，缺乏市场化管理工具，管理措施不足。

近年来，政策性草原保险（以下简称草原保险）作为一种可分散草原风险、弥补因灾损失的非价格型保障草原生态和畜牧业生产的市场化风险管理工具，日益得到世界各国政府的重视，目前，草原保险在美国、澳大利亚、加拿大、法国、德国、瑞士和西班牙等发达国家实施（Willemijn et al.，2019），已成为发达国家公认的有效草原风险管理工具。2019 年 9 月 19 日，中国财政部、农业农村部、银保监会、林草局联合印发的《关于加快农业保险高质量发展的指导意见》（财金〔2019〕102 号）（以下简称指导意见）明确提出，“研究制定……森林草原保险示范性条款”“适时调整完善森林和草原保险制度”。草原保险被正式纳入政府保费补贴的农牧业保险体系中。因此，准确识别草原风险类型、明确草原风险的区域差异，在此基础上设计一个有效的草原保险合约，是完善草原保险制度的重要的基础和前提。

本研究综合运用风险管理学、保险学、灾害学和精算学等相关理论和方法，以草原风险为研究对象，在农业保险高质量发展和草原生态保护建设利用的双重背景下，探究如何有效地进行草原风险管理，以期为优化草原风险管理制度建设提出科学翔实的理论与实证依据。因此，本书探究了如何有效地进行草原风险管理，以期为优化草原风险管理制度建设提出科学翔实的理论与实证依据。

1.2 研究意义

1.2.1 理论意义

丰富了草原综合风险评估与区划理论。本书构建草原综合风险评估概念框架和草原综合风险区划指标体系，拓展风险形成机理理论、草原风险管理理论和草原保险理论。草原和农作物的生长方式和生长机理均不相同，最大的区别是生长自然环境的差异，且草原的风险形成机理及风险相互作用关系更加显著，因此，农作物风险区划的指标体系不适用于草原。本书以锡林郭勒草原风险形成机理为基础，基于多重风险间的相互作用关系，构建了草原综合风险评估框架和风险区划指标体系，丰富了草原综合风险管理的理论研究。

完善了草原天气指数保险设计的理论研究。在风险区划的基础上进行分区逐月的湿度天气指数保险费率厘定和草原保险产品类型选择及其指数确定。当前大部分费率厘定未在风险区划的基础上进行进一步计算，区划的结果本应是费率厘定的前提条件。本书在草原综合风险区划的基础上，基于月度相对湿度数据和牧草单产数据，利用非寿险精算理论，确定了草原湿度天气指数保险的触发值，并进行了分区月度纯费率厘定。多数研究直接选择保险产品类型及指数的类型，缺乏对产品类型选择和指数研究的理论分析，而本研究丰富了此部分的理论研究。因此，本研究完善了草原天气指数保险设计的理论研究。

1.2.2 现实意义

完善了草原综合风险评估与区划的实证研究，构建了草原综合风险区划图，为草原综合风险管理方法的选择提供参考依据。草原综合风险评估与区划是建立在灾害系统理论和保险经营及基本原则之上，一方面，风险评估和区划可以呈现出风险的空间分异特征，是精细化费率厘定的基础，良好的风险评估和区划可以更精准地满足风险与费率一致性的保险原则。另一方面，草原综合风险评估和区划还可以为地方政府等相关决策人员提供制定风险防范措施的参考依据。通过草原综合风险评估与区划进行风险预警，把未来可能的风险信息传递给畜牧业生产者，为其生产布局和生产模式的选择提供参考。

设计一款适用于草原的天气指数保险，为保障生态安全和分散畜牧业生产者的风险损失提供有效的方法。草原是草原畜牧业发展的重要生产资料，也是草原生态安全的关键载体，无论是从生产角度还是从生态角度，草原保险都是刚性需求，但较为棘手的是如何设计草原保险产品，由于草原畜牧业生产的特殊性，牲畜全年采食牧草，牧草测产难，不方便定损。而新型的天气指数保险能够较好地解决此问题，不直接保障牧草产量，间接选择质量较高和数量较多的天气数据，构建牧草产量和天气数据间的相关关系，分散牧草单产损失风险。此外，天气指数保险能够在一定程度上节约承保机构运营成本，降低道德风险和逆向选择等问题。草原天气指数保险的实施能够保证畜牧业生产者的收入，保证其生产积极性，同时保障草原生态安全，进而保障整个草原生态系统的稳定性。

1.3　国内外研究现状

本部分收集并整理已有对草原风险、草原风险管理和草原保险研究的相关文献，从草原风险形成机理、草原风险量化、国外草原保险的发展经验、草原保险产品设计、风险评估及区划理论和方法及保险费率厘定等七个方面，梳理了前人的研究成果，总结了前人研究的可借鉴之处，指明本研究的目的和价值所在。

1.3.1　草原灾害风险形成机理研究

区域灾害系统论认为灾害风险是地球表层变异过程的产物，在灾害风险的形成过程中，致灾因子危险性、孕灾环境不稳定性和承灾体脆弱性共同组成的地球表层系统功能体系，三者缺一不可，且三者具有同等的重要作用（史培军，2009）。自然灾害风险形成机理目前主要有以下观点：灾害风险形成二因子法认为“风险=遭受灾害的频率×承灾体受损程度（脆弱性）”（IPCC，2003）；灾害风险形成三因子法认为风险是自然灾害危险性、承灾体的暴露性、承灾体的脆弱性相互作用而形成的，即“风险=危险性×暴露性×脆弱性”；灾害风险形成四因子法认为风险是灾害的危险性、承灾体的暴露性、脆弱性和防灾减灾能力这四个因子共同作用的结果（张继权等，2006）。草原综合灾害风险形成机理与自然灾害风险形成机理相似，由于社会经济与自然灾害风险的交互影响逐渐显著，董振华等（2016）从社会与个体、社会与家庭、社会与机构、社会与秩序、社会与稳定、社会与心理六个方面来分析草原雪灾对社会的影响，研究表明草原雪灾的社会影响具有明显的空间差异性。孙滢悦等（2016）从急救助需求物资量、应急救助人员数量、应急救助医疗人员数量、应急资金需求量及应急医疗药品需求量进行分析，研究发现雪灾发生第10天对应急救助资源需求量发生明显变化。因此，目前考虑了社会经济状况的灾害风险形成四因子法的应用较多，在实践中学者应用灾害风险形成四因子法对草原旱灾、雪灾、火灾和病虫害等进行了分析（张存厚等，2019；张显峰等，2016；张继权等，2010）。

此外，近年来全球范围内频发的重大自然灾害风险事件表明，一种灾害风险引发一系列次生灾害风险的灾害链现象使灾情通过累积放大效应而大大超过单一灾种灾情（余瀚等，2014）。灾害链是一个复杂灾害系统，由致灾因子链、孕灾环境和承灾体组成，灾情是由致灾因子危险性、孕灾环境不稳定性、承灾体暴露性以及脆弱性等特征在时间与空间上复杂的耦合作用形成的（史培军，2005）。灾害链类型包括因果型、同源型、互斥型和偶排型四种，其中，草原灾害风险中因果型和互斥型灾害链较多（哈斯等，2016），草原灾害风险因果型灾害链指灾害链中相继发生的自然灾害之间有成因上的联系。受干旱气候的影响，内蒙古有很大一部分为荒漠和半荒漠草原，牧草自然生长量非常有限，而草原干旱是草原雪灾成害的一个重要因素，冷季降雪能否成灾与牧草生长季（4月至9月）的干旱遭遇有密切关系。互斥型灾害链指某一种灾害发生后另一灾害就不再出现或者减弱的情形。草原积雪融化使土壤表层相对湿度较大，并且能够满足土壤蒸发时所需水分，从而使土壤底墒较好，有利于牧草的返青，降低春旱发生的可能性。目前，关于灾害链累计放大的研究方法主要包括灾情地学统计模型、概率模型、复杂网络模型、灾害链模拟和灾害概念模型等（余瀚等，2014）。

1.3.2 草原致灾因子量化研究

学者根据不同灾害风险类型进行草原灾害风险量化。中国草原灾害风险中对生产影响较大的几种灾害风险包括旱灾风险、雪灾风险、火灾风险和生物灾害风险（李岚和侯扶江，2016；张存厚等，2019），不同灾害量化指标不同。

（1）旱灾风险量化指标。量化旱风险灾的指标包括气象干旱指数和遥感指数。乌日娜（2017）、侯向阳（2013）等的研究表明，气象干旱指数包括降水距平百分率（Precipitation Anomaly in Percentage，PA）、潜在蒸散量（Potential Evapotranspiration，PET）、相对湿润度指数（Relative Moisture Index，MI）、标准化降水量指数（Standardized Precipitation Index，SPI）、标准化降水量蒸散指数（Standardized Precipitation Evapotranspiration Index，SPEI）、帕默尔干旱指数（Palmer Drought Severity Index，PDSI）、综合气象干旱指数（Drought Composite Meteorological Index，CI）、气象干旱综合指数（Meteorological Drought Composite Index，MCI）。

遥感指数具有监测面积广、实时性高的优势（侯向阳，2013），但是不同遥感指数各有优缺点。NDVI 能很好地反映植被生长状况，但忽略了降水量的影响。VCI 试图从植被变化里反映出的长期气候信号中分离出与短期天气有关的信号，较 NDVI 能更好地反映降水动态变化，可以作为植被受到环境威胁程度的指标。TCI 与 VCI 的作用相同，均可反映植被生长与水分之间关系的动态变化，同时，TCI 与 VCI 存在相同的制约条件，需要研究的时间序列足够长，能够既包含干旱年份又包含湿润年份。TVDI 综合了遥感陆面温度和遥感植被指数两类土壤水分检测方法的长处，提高了遥感干旱监测的准确性，能充分反映干旱实际情况，但由于 TVDI 只表示同一影像水分状况的相对值，在时间上具有不可比性，且受区域限制干湿边不易获得（乌日娜，2017；侯向阳，2013）。

（2）雪灾风险量化指标。雪灾风险量化指标比较统一，一般情况下是根据气象部门规定的牧区雪灾国家和地方标准，即根据积雪深度、牧草高度和卫星遥感监测积雪面积信息三类信息划分雪灾标准（李兴华等，2014）。也有部分学者根据其研究目标的不同在国标基础上增减指标，如易泮泺等（2015）根据逐日积雪深度设计雪灾保险指数。

（3）火灾风险量化指标。火灾风险量化指标主要依据灾害形成四因子法来确定。张继权等（2007，2010）利用灾害形成四因子法构建了火灾风险指数，具体因子包括起火因素和孕火环境的危险性，生命和经济的脆弱性，防灾基础设施和人员配置的防火减灾能力及生命和经济的暴露性，具体包括根据草原损失、人口损失、基础设施损失、牲畜损失和经济损失等因素共同确定火灾风险指数（姜莉等，2018）。

（4）生物灾害风险量化指标。生物灾害风险量化指标主要是依据不同虫类和鼠类品种的多年经验数据及连续2~3年的调查数据来确定最终生物灾害风险情况（黄倩等，2009；黄训兵等，2015）。

1.3.3 风险评估理论及方法研究

风险评估是风险管理的核心，风险评估的准确性直接影响风险管理对策与决策的效果和科学性。草原风险评估是风险区划的基础，其结果直接影响风险区划及费率厘定的准确性。风险评估是对作物整个生长过程中遭受的各种影响因素发生可能性及由此引起的实际产量低于预期产量的偏离程度进行评估，包括对风险发生概率的评估及对风险造成损失的评估两个部分。在影响作物生产的风险因素中，自然灾害风险是中国作物生产过程中发生频率最高、影响范围最广、造成损失最大的因素，给作物生产、牧区经济发展和牧民收入带来巨大的影响。随着灾害科学研究的不断深入及经济建设的日益发展，作物生产灾害风险评估已成为农业灾害研究和创新农业保险产品的基础工作，它有助于决策者在进行农业保险制度设计和农业保险产品设计时，有针对性地选择适宜的技术策略，防患于未然。

关于风险评估的方法，综合不同学科背景使用的方法，按照评估方法的特征可分为三类（张峭，2013；叶涛等，2017），分别是基于风险因子的评估方法、基于风险机理的评估方法和基于风险损失的评估方法。三类风险评估方法的特征、适用范围不同，各有优劣。

1.3.3.1 基于风险因子的评估法

按照灾害因子的选择不同，又可分为灾害四因子法和灾害指数评估法。(1) 灾害四因子法。表示为风险指数形式，其优点是易于完整把握风险要素，操作直观，实现难度小，不受历史灾害数据样本少的限制，但其是典型的定性评估方法，主观性强，评估结果只能给出风险等级，无法被进一步应用（邢鹂等，2008；陈平等，2013；张前东等，2016；牛浩等，2016；张存厚等，2019；Coble et al.，2007）。(2) 灾害指数评估法。表示为风险指数形式，评估结果可应用于天气指数保险产品设计，但理想指数难以获得，即很难找到某一指数可以高度解释外部损失变差的80%，运用回归方法进行脆弱性建模会出现多重共线、变量缺失等情况而导致回归的结果不具有一致性和无偏性（Schlenker et al.，2009），对产量有影响的所有变量难以全部量化进入模型中（Lobell et al.，2010），可在回归模型中加入二次项和交互项，但仍难以完全表达要素对损失影响的复杂非线性关系（Ye T et al.，2017）。

1.3.3.2 基于风险损失的评估法

按照使用数据的不同，可分为单产数据的风险损失评估方法、灾情数据的风险损失评估方法、气象数据的风险损失评估方法、理赔数据的风险损失评估方法和数据融合的风险损失评估方法。其中，单产数据的风险损失评估方法是最早被学者应用的历史产量损失风险评估法（APH），但由于缺乏农户层次单产时序数据，大部分研究基于大空间尺度（如市级）单产时序数据，由此产生“单产数据空间加总偏差”和低估农户生产风险的问题，且空间尺度越大，风险低估程度越大（王克和张峭，2013）。为此，学者提出了几种解决方法：利用农户层次有限样本和县级层次的单产波动水平，计算两者的差异和比值，用该比值乘以县域单产数据的风险评估结果进行修正（王克和张峭，2013）；利用农业保险公司的实际赔付数据间接估计；利用灾情数据、气象数据或遥感数据替代产量数据。为使结果更加准确，学者融合不同数据，如灾情数据和产量数据等。以上方法均用概率分布函数和各种度量值表达结果，这类方法数学推理性较强，评估结果较客观，但非常依赖数据样本的质和量，在数据样本量不足、样本质量不好和样本完全缺失的情况下无法顺利实施，且在灾害风险的时间表达方面具有较大的局限性（梁来存，2010；王国军等，2015；周县华，2018；吴垠豪等，2012；李琴英，2016；谢远涛等，2017；吴洪珍，2019）。

1.3.3.3　基于风险机理的评估法

按照模拟方法的不同，可分为情景模拟评估法和作物生长模拟法。(1) 情景模拟评估法，表示为概率分布函数和各种度量值，能完整再现灾害过程和农作物灾损特征，评估结果客观，不受历史灾害样本少的限制，但灾害机理复杂、建模困难，且难以对渐发性自然灾害（如旱灾风险）影响的起止时间、地域范围作出清晰的界定（宋凡等，2015；林琛琛，2014）。此外，该方法若对多种风险进行建模，损失不是简单的各风险之和，还需考虑多风险彼此之间的关系。(2) 作物生长模拟评估法，表示为概率分布函数和各种度量值，可使计算结果更准确（Challinor et al.，2005；Tubiello et al.，2002；王亚许，2017；Goudriaan and Laar，1992；Tsuji et al.，1998；Chung et al.，2001），但是该方法对直接物理损害（如冰雹）形成的自然灾害风险刻画能力有限，且对数据的需求较高，需要大量的作物品种、管理和土壤状况的数据支持，也有人认为它适用于渐发性自然灾害风险（如旱灾风险）的建模。

1.3.4　风险区划理论及方法研究

风险区划的一般流程是选择区划品种、灾种，确定区划单元、区划指标和区划等级。区划品种中单品种指一种作物（王国军等，2015；袁佰顺等，2015；代立芹等，2014）；一类作物，如粮食作物（梁来存，2010；邢鹂等，2006），也可对所有作物进行综合区划。区划灾种既可选择单一灾种，如旱灾风险（刘晓冉等，2019；贾建英等，2019），雪灾风险（Ye T et al.，2017；Chantarat S et al.，2011）等，又可选择多种灾害风险。

区划单元是显示区域间差异性的最小空间单元，一般包括省级、地市级、市县级、乡镇级和区域级。有学者研究在现有区划单元下不同单元之间的风险差异，结果显示各层级之内的风险差异仍很大（Claassen and Just，2011；Finger，2012）。也有学者进行不同保障水平下风险区划的比较，Skees et al.（1997）和 Barnett et al.（2005）的研究对比了美国联邦农业保险产品 GRP（Group Risk Plan）和 MPCI（Multiple Peril Crop Insurance）产品，前者为农场层次的计划，后者为郡县层次的计划，通过大量数据对比发现，GRP 的风险降低程度高于标准覆盖范围下的 MPCI。

区划指标是划分风险等级的依据，一般情况下是风险评估的结果，区划指标主要包括两类：一是风险指数（Ye T et al.，2017；Chantarat S et al.，2011），一般是基于风险因子的风险评和灾害模型指数的估计法所得的结果；二是风险度量值（王有恒等，2018；梁淑琪，2019），一般是基于风险损失的风险评估、基于风险机理的风险评估和作物生长模拟风险评估所得的结果，具体指标是极值或均值。

区划等级包括区划等级的设置和分级算法，一般情况下，区划等级可设置为三级、四级和五级，分别代表“高、中、低”风险，“极高、高、中、低”风险和“极高、高、中、低、极低”风险。分级算法是划分等级界限的方法，主要方法有两类。（1）传统分级算法，包括数列分级（包括等差、等比、倒数数列分级）和级数分级（包括算术级数和几何级数分级）；（2）统计分级算法（包括聚类分析法、主导指标法、平均值－标准差分级法、分位数分级法、嵌套平均值分级法）。聚类分析法应用最广泛，其原理是把风险相似度较高的区域聚合成一类，将其与差异性较大的地区区别开来，形成不同的集合，从而为下一步厘定出合理的分区费率提供参考标准。传统聚类分析方法有两种：一种是最常见的截面数据聚类，可解决空间的依赖性问题，但是没有办法解决时序上的连贯性问题；另一种是时间序列聚类，解决了时序上的连贯性问题，但是没有解决空间上的依赖性问题（梁来存，2010；李文芳等，2013；王国军等，2015；李琴英，2016；周县华，2018）。创新性聚类方法可显示面板数据的动态特征，谢远涛等（2014）基于密度构建了面板数据聚类分析；谢远涛等（2017）利用适应近邻传播算法（Adaptive Affinity Propagation Clustering, ad－AP），体现个体阶段性发展的动态特征，优化面板数据得到了个体最佳聚类中心并组成了新数据集，再将面板数据聚类问题转化为新数据集的聚类问题。

主导指标法应用也较广泛，包括综合评价法和层次分析法。综合评价法也是传统分级算法中较常用的方法，其主要原理是在所构建的指标体系下，分别判断某个区域属于哪个风险类型。判别方法包括 Fisher 判别法、Bayes 判别法和逐步判别法，部分国内学者选择一种判别法进行区划，部分学者将三类判别法结合共同确定区划结果（张前东等，2016）。层次分析法（Analytic Hierarchy Process，AHP），其原理是将复杂问题分解为若干层次和若干因素，在各因素之间进行简单的比较和计算，得出不同方案重要性程度的权重，为最佳方案的选择提供依据。它是一种定性与定量相结合的决策分析方法，是对一些较为复杂、较为模糊的问题作出决策的简易方法（牛浩等，2016）。同时，有学者将聚类分析法和主导指标法结合使用，以提高结果的准确度（陈国荣等，2017）。

自上而下和自下而上法认为区划的本质就是将大的区域划分为若干小区划的过程。其中，自上而下的区划方法是根据区域分异规律，将等级高的自然区划单位划分为等级低的自然区划单位的过程，对该方法的实践较早。自下而上的区划方法是将空间上连续的小单元（如格网或自然地理基本单元），依据某些定量或定性特征，从小到大合并，根据区域共轭性原则，将等级低的自然区划单元合并成等级高的自然区划单元的过程（史培军，2017；Wu Z et al.，2018）。此外，对于单灾害风险（如霜冻、干旱、阴雨、雷电、洪涝、冰雹等）的区划，近年来国内学者借助 GIS 技术（使用 ArcGIS 软件），使用 GIS 空间分析法、VaR 方法、灰色关联分析法、“3（E、H、V）+1（R）维”方法等进行风险分级。

1.3.5 草原保险产品设计

学者研究认为，保险产品设计包括选择适宜的产品类型及设计相关指标（即确定赔付阙值），计算保险金额或保障水平（Jerry R. Skees，2008）和保险费率厘定（牛浩等，2015；陈盛伟等，2015；易泳泺等，2015；聂荣等，2018），由于保险费率厘定涉及内容较多，在下节详述。

（1）草原保险产品类型的选择及相关指标的设计。由于草原地域辽阔，在经验数据不足的前提下，发达国家的草原保险产品多为指数保险产品，鉴于中国草原覆盖范围大，前期保险设计相关数据不充足、不准确，指数保险成为中国草原灾害风险保险的恰当选择，因此，保险产品类型选择指数保险，但具体选择指数保险中的哪种类型，有待进一步商榷。

不同指数保险产品的指数设计不同。在天气指数保险中，一般选择与作物生产密切相关的气象要素（如温度、降水量、风速、日照时间等）作为指数，首先，拟合作物趋势产量，再分离出由气象因素引起的作物产量变化的气象产量；其次，根据作物不同生长期造成的损失不同，设定不同生长期下的气象指数，再赋予不同的权重进行气象指数矫正；最后，根据不同的拟合方法检验选出最优拟合指数，从而确定最终气象指数（牛浩等，2015；陈盛伟等，2015）。

当气象指数的实际值超出了保单约定的触发值范围，则给予投保人保险赔付，触发值决定了风险大小及费率的高低，起赔条件越苛刻，越难以触发赔付，但相应的纯风险损失率越低。在实际设定中，应考虑产品在风险保障方面的有效性，并结合被保险人的可接受程度综合确定。在产品试点阶段，以十年一遇为标准选取起赔点组合，以便触发、形成良好示范效应。就中长期发展而言，应着眼于中灾或大灾保险，以二十年一遇及以上为标准选取起赔点组合（易沵泺等，2015）。常见的触发值指标有：雪灾指数选择积雪深度阈值和起赔天数阈值（易沵泺等，2015）；风雨倒伏指数结合降雨和风速新建一个指标（牛浩等，2015）；干旱指数选择气温、降水量和日照三个指标，计算发生概率来确定触发值（聂荣等，2018）。也有学者质疑现有指数设计，采用其他指数设计方案，并对比新旧指数的设计效果，Nadolnyak et al.（2010）和 Nadolnyak et al.（2013）根据 ENSO 指数精细化降雨指数保险（RI），利用二元核密度法去预测干草的降雨指数分布，使用高斯 Copula 方法分析基于气候预测下的指数与双月平均降雨之间的相关关系，并在此基础上计算在 ENSO 指数条件下费率及非此条件下的费率，最后以 ENSO 指数条件下干草降雨指数保险为准，分析了在该保险产品下四个不同区域（靠近海岸与远离海岸的四个地区）降雨变化。结果显示，在合同年初，气候预测下的降雨指数可更好地改善现有的保险条款，但是此指数在年末并不适用，其预测的结果与降雨分布无关。

在遥感指数保险中，学者选择的遥感指标有植被归一化指数（Normalized Difference Vegetation Index，NDVI）、垂直植被指数（Perpendicular Vegetation Index，PVI）和火险潜在指数（Fire Potential Index，FPI）等。遥感指数保险的触发值按照事先计算的多年平均值的百分比确定，如加拿大阿尔伯塔的基于 PVI 指数的草原区域产量指数保险，其触发值是低于平均值的 85% 时。部分地区直接按照免赔额确定触发值，如法国的草原赔偿指数保险，是按照绝对免赔额确定触发值（Willemijn et al.，2019）。

（2）保险金额和保障水平的计算。保险核心功能是对被保险人的风险保障，风险保障的大小用保险金额和保障水平来衡量，保险金额和保障水平越高说明保险为生产者提供的风险保障程度越大，保险金额和保障水平也是保险费率计算中重要的组成部分，因此保险金额和保障水平大小对草原保险设计至关重要（中国农业保险保障水平研究课题组，2017；余洋，2013）。保险金额由保险价值确定，国内外学者认为，保险价值应以客观市场价值为主，主观市场价值为辅。当客观标准无法发挥作用时，将主观评价作为确定保险价值的参考（魏红彦，2016；陈继平，2014），草原保险与发展经验丰富的农作物保险类似，草原保险的保险标的多数处于成长期，其价值是不断变化的，因此投保时保险价值不能按照一般的财产标的确定。此外，草原保险还有较强的季节性和周期性特征（吴占权，2019）。因此，草原保险的保险金额按照保险标的客观市场价值提前在保险合同中确定。

在保险合约中，保障水平可利用免赔额（deductible，或称为起赔额、自付额）来衡量。免赔额指保险合同双方当事人在保单中订立一个确定的金额或者比例，当保险事故发生时，被保险人按约定金额或比例承担部分损失，其余损失由保险人承担，被保险人所承担的金额便被称为免赔额，一般可用定额或定比率来表示。科学地设定免赔限额，能够合理地在保险人和投保人之间分配风险，从而帮助保险人避免无效率的小额赔偿过多的状况，降低总体的理赔成本，在一定程度上提升社会总福利（丁大巍等，2009；粟芳，2006）。丁大巍等（2009）和 Raviv（1979）利用最优免赔额设计的思想，首先构建免赔额模型，再求最优化解，从而得到最优免赔额，在此基础上确定保障水平。

1.3.6 草原保险费率厘定

保险费率厘定的关键是选择适宜的费率因子，基于此构建费率模型，估算损失参数，得出费率。

（1）关于费率因子的机理研究。风险的构成与很多因素有关，影响风险的各种因素称为风险因子，在厘定费率时所考虑的各个风险因子被称为费率因子（粟芳，2006；郭新雅等，2023）。在实践中，一般根据数据的可获得性、准确性，与灾因的相关程度和基差风险降低选择费率因子，因此，不同保险产品的费率因子不同。于洋（2013）和王振军（2013）利用作物的实际产量低于预期产量的概率，来构建产量的概率密度函数，以设计作物产量保险；赵玉等（2019）和田菁等（2019）根据作物产量去趋势和价格去趋势得出单产差异和价格差异，作为费率因子构建模型，来设计作物收入保险；梁来存（2019）根据气温的时间序列数据确定实际平均气温和低温触发值，以此设计气温天气指数保险；易沵泺等（2015）利用雪灾起赔天数确定期望赔付，并得到雪灾指数概率函数，设计了雪灾天气指数保险。Nadolnyak et al.（2010）和 Nadolnyak et al.（2013）根据 ENSO 指数月度变化设计干草降雨指数保险。

（2）关于费率厘定模型的研究。从保险精算来看，厘定纯费率的关键是计算期望损失值。损失主要由损失频率和损失金额确定（粟芳，2006），从精算角度出发，学者构建个体风险模型和聚合风险模型（Cummins，1991），对比两种模型，从损失风险的估计角度来看，聚合风险模型更有优势，原因是其独立性假设更符合实际情况，即灾害发生频率和灾害损失金额之间的独立性强于受损个体之间的独立性，特别是对于农作物来说。但目前，在农作物领域广泛使用的是基于风险损失、灾害指数和作物生长模拟的方法，得到的结果主要是个体标的灾害损失风险，因此在计算损失风险时可能更多地采用个体风险模型，而聚合风险模型更适合于基于灾害事件模拟法所得到的灾害损失风险的计算，但难点在于灾害事件模拟法的风险评估（叶涛等，2017）。

根据数据分布要求不同可归纳为五类模型，分别为数据要求是正态分布的三类方法和数据分布无要求的两类方法。在数据要求是正态分布的三种方法为：（1）正态分布法。Botts 和 Boles（1958）指出在数据服从正态分布的条件下，费率由分布的均值和方差确定。在较早年份采用该方法的学者较多（陈新建等，2008）。（2）实际生产历史法（APH），是在正态分布法下的一个简化。当样本容量充分大时，为了使所求费率与作物生产历史相联系，King（1988）对正态分布假定下的期望损失的计算进行了简化，其为 APH 法（牛浩等，2016）。（3）经验费率法，是在 APH 法上的进一步改进，即通过某种方法求得历年作物产量的理论值，然后根据历年实际产量与理论产量之差求得历年作物产量的损失，进而求得作物区域产量保险的经验费率（梁来存，2010）。

对数据无分布要求的单产分布模型估计方法有两种，包括一般风险评估模型和巨灾风险评估模型。一般风险评估模型的原理是根据损失的时间序列数据计算损失概率分布，建模方法有参数法和非参数法。（1）参数法的原理是假定损失数据服从某一分布（如 Normal、Lognormal、Logistic、Weibull、Gamma 分布），确定分布的参数值，得到分布的概率密度函数，从而建模求得期望损失（Ker et al.，2003），该方法简单易行，适用于数据量较小（少于 30）的情况，但难以提前假定数据分布的正确形式。（2）在参数法的局限下，非参数法逐渐发展起来，包括非常核密度估计（Warren et al.，1987）和非参数信息扩散模型（黄崇福，2018；王芝兰等，2015），非参数核密度估计优点是函数形式假设要求宽松，受样本观测错误影响小，计算结果准确，非参数信息扩散模型是在样本量少的情况下对模型的改进，Goodwin et al.（1998）以郡县层级为基础，在使用非参数核密度估计农作物产量密度的基础上，重新修正方法，随后提出了适应性核密度算法，该方法的应用有助于精确计量损失风险、提升团体风险计划的精算水平。对比参数法与非参数法，学者研究表明，参数估计具有较强的主观性，导致结果不准确，而非参数估计具有不限制样本母体的分布形式，受样本观测的影响较小，估计结果相对稳定，能够更好地体现区域风险差异的特点（张峭等，2011；周延等，2011；吴垠豪等，2012；于洋，2013；王国军等，2015；李琴英，2016；周县华，2018）。此外，参数法和非参数法对样本的要求不同，Goodwin et al.（2004）指出当数据足够大时，应首选非参数方法，因为它对分布的估计没有最小结构的限制。相反，当数据量较小时，参数化方法更为适用。巨灾风险模型的原理是巨灾发生的概率低，但是造成的损失大，呈现厚尾性的特点，服从极值理论，应用方法有组内极大值法和超阙值极值法。关于期望损失模型的选择及检验，Zanini et al.（2004）研究表明，计算出损失数据的偏度和峰度，其次将峰度与偏度值和距比图进行对比，则可选出较优模型，相比其他检验，AD/KS 检验方法更稳健，因此可用 AD/KS 选出最优模型（王芝兰等，2015）。

1.3.7 文献述评

综观国内外学者有关草原灾害风险及保险的研究成果可知：第一，关于草原灾害风险的研究多为单一灾害的形成机理，灾害对社会经济、生态环境的影响等方面。

第二，在风险区划中，不同区划方法依据的区划品种、灾种及数据可获得性不同。目前，在学者的研究中，区划品种多是单一作物或综合作物，区划灾种多为综合灾害或一种灾害，区划单元以省市级居多，区划指标中风险度量值最多，区划等级使用聚类方法和自下而上方法的较多，利用单产损失估计去测度损失程度的研究最多。

第三，现有的草原保险产品多为指数保险产品，而不同类型指数保险产品的适用条件和优缺点各异，集合尽可能多的数据源来设计指数及阈值，是未来指数保险的发展前景。学术界公认的指数保险最大的问题是基差风险，研究表明降低基差风险的方法是提升指数的准确度，即指数与损失之间的相关关系越强，基差风险发生的可能性越低。

第四，在草原保险的设计中，保险金额的计算依据草原价值的估算，方法不统一，基于数据的可获得性及准确性决定。目前学者对保障水平的研究较少，一般选择期望效用模型，依据灾损风险发生概率设置多个免赔额。

第五，保险厘定费率是在风险区划的基础上，首先选择费率因子，然后选择厘定方法构建模型，最后估计模型参数即可。现有研究中，费率因子的选择多参考风险因子，费率厘定的方法多采用纯保费法，且在样本数量充足的情况下，选择非参数模型厘定费率更精确。

虽然国内外学者的研究内容较广泛，成果相对丰富，但仍然存在诸多不足。第一，关于草原灾害风险的形成机理研究，一般以单一灾害确定风险大小，但各种风险之间存在相互作用关系，因此，单一风险机理形成研究可能会高估或低估灾害风险程度；第二，关于风险区划，一般选择一种指数来刻画灾害风险，但利用一种指数难以刻画灾害的完整过程，且多区划单灾因的风险，鲜有对草原综合风险进行区划，此外，风险区划单元较大，最小风险单元内部的同质性低；第三，关于保险产品设计，学者认为个体差异风险本身所产生的基差风险不属于指数保险机制内的可控风险，因此在相关研究中均未涉及如何消除个体差异导致的指数保险基差风险；第四，风险区划和费率厘定结果受数据和估计方法的影响大，有待进一步优化。

因此，基于以上研究不足和需要注意的问题，本研究以草原保险为研究对象，以内蒙古锡林郭勒草原丰富的草原类型、多种灾害交叉的自然条件为典型代表区域，立足于充足的气象数据、草原生态观测数据、灾情数据、遥感数据和社会经济数据，进行了以下分析。第一，基于自然灾害风险管理理论，识别草原主要灾害风险，根据不同灾害之间的相互作用厘清草原综合风险的成灾机理。第二，基于保险理论和计量经济理论，分析最适用于草原的保险产品类型，并在草原指数保险的基础上探讨如何选择适宜的指数。第三，根据草原综合风险形成原因及致损机理，考虑多重风险相互作用机理，确定草原综合风险评估模型，结合多种区划方法选取最优的草原综合风险区划结果。第四，基于以上风险区划的结果，时间尺度精细化到月度，厘定不同风险区域下的月度保险费率，设计一个有效的草原保险。本研究在研究对象、研究内容及研究方法上完善中国草原保险的理论与实证研究，以为健全中国草原保险机制和设计草原保险合约提供科学的依据。

1.4 研究目标与研究内容

1.4.1 研究目标

本书基于草原风险管理的目的，在识别草原风险形成机理的基础上，以草原风险区划和费率厘定理论为指导，使用锡林郭勒草原的草原测产数据、气象数据、灾情数据、遥感数据和社会经济数据等多源数据，研究设计有效的草原保险合约的风险区划、产品类型选择及费率厘定等关键问题。

1.4.2 研究内容

内容一：识别、评估和区划草原综合风险。

草原综合风险区划是设计草原保险的重要基础，在良好的风险区划的基础上设计草原保险，一方面，对于保险供给者来说，可在一定程度上降低运营成本；另一方面，对于保险本身来说，可以优化保险产品，使保险费率厘定更加精细化。因此，本书借鉴农业风险区划理论，结合草原风险管理理论，构建了草原综合风险评估与区划的概念框架，在此基础上逐步进行草原综合风险评估模型的建立，草原风险区划方法的选择，最后，以风险频发、环境多样化的锡林郭勒草原为例，利用上述模型和方法绘制草原综合风险区划图。

内容二：分析最适用于草原的保险产品类型和指数。

草原保险可选的产品类型繁多，选择适宜的保险产品类型可以提高供给者扩大市场规模的积极性，同时提高需求者的参保率，有利于保险的健康稳定发展。此外，选择适宜的保险产品类型后，应考虑如何选择指数，选择适宜的指数，可使保险更加精准化，降低信息不对称造成的道德风险和逆向选择风险。因此，本书以风险管理理论为出发点，基于保险产品类型选择理论和发达国家经验，结合草原的风险特点，选择适宜的保险产品类型（理论分析发现指数保险是适用于草原的保险产品类型）。在草原指数保险产品的基础上，基于指数设计的原则，识别和分析与草原风险损失相关性最大的致灾因子，从而选择对风险变差解释能力最强的致灾因子作为草原指数保险的指数。

内容三：厘定不同风险区下草原保险的费率。

在保险合约设计中，关键是精确厘定保险费率，它关乎最终保险合约的可利用性和保险产品的可持续性。因此，在前文确定的草原综合风险区划图、选择的保险产品类型和指数的基础上，利用非寿险精算理论，选择适宜的方法，对不同的风险区、不同时间尺度厘定指数保险费率，在降低道德风险和逆向选择风险的同时有利于草原保险的可持续发展。本部分基于前文确定的草原综合风险区划图及保险产品类型及指数，利用非寿险精算理论、概率分布理论和期望效用理论构造草原风险损失模型，使用计量分析方法得到不同区域损失分布的概率密度函数，选择多种方法估计模型参数，得到的期望损失值即为保险纯费率。

1.5 本书结构与技术路线

本书共由七章组成，具体的框架结构如下。

第1章：绪论。绪论是全书的研究纲领。首先，从草原多功能性及重要性出发，结合中国草原风险的危害，基于当前中国不完善的草原风险管理机制，引出健全中国草原保险制度的必要性和紧迫性，进而提出中国草原保险发展中亟待解决的问题。其次，分析本书的研究意义，通过梳理和评述当前国内外关于农业及草原风险管理和草原保险的研究动态，阐述研究草原保险问题的价值所在。最后，介绍本书的研究目标、研究内容、框架体系、研究区、研究方法、数据来源及创新点和不足之处。

第2章：概念界定与理论基础。理论基础是本书研究的逻辑起点。本章首先界定全书核心词汇的内涵和外延，基于此介绍风险管理理论、保险理论及保险精算理论，从而为选择保险产品类型，梳理草原风险形成原因及致损机理，识别、评估和区划草原综合风险和精细化厘定草原保险费率提供理论依据。

第3章：国内外草原保险发展现状。中国草原自然灾害风险频发，严重制约草原生态安全及草原畜牧业可持续发展。本章从国内和国外从两个空间维度出发，首先分析国外草原保险的发展现状，并着重分析草原保险最为发达地区——美国的保险实施成效及特征。其次分析中国草原保险发展现状、成效及特征。最后基于中国草原保险发展的问题和国外草原保险的实践经验，提出中国草原保险制度建设的关键问题。

第4章：草原综合风险评估与区划。草原综合风险评估与区划分为风险评估和风险区划两个核心部分，本章首先从风险评估概念框架、指标选取和模型建立角度出发，分析如何建立框架、如何选取指标和建立模型。其次，基于风险区划的原则、方法，分析确定区划方法。最后，从实证角度，以锡林郭勒草原为例，进行指标选取、风险评估模型的建立和风险区划的流程，并得到锡林郭勒草原综合风险区划图。

第5 章：草原保险产品类型的选择及指数的确定。本章首先从理论层面上阐述不同保险产品类型的特点及适用条件，借鉴发达国家草原保险发展的经验，结合中国草原的特点选择适宜的保险产品类型。其次，根据前文确定的保险产品类型，提出草原风险损失的最关键致灾因子是什么的问题，从相关分析和因果分析两个层面构建草原风险损失模型，分析各风险因子的贡献度大小，识别出风险构成中最主要的致灾因子，选择与草原生产力相关性最大的指数，为后文指数保险产品费率厘定提供依据。

第 6 章：草原湿度天气指数保险的费率厘定研究。基于上文的研究结论，本章选择湿度指数，并利用草原综合风险区划图，进行草原湿度天气指数保险的分区费率厘定，而天气指数保险费率厘定的前提是确定湿度天气指数的触发值，即当湿度是多少时，草原各种风险被触发，造成草原风险损失发生。因此，本章首先设计基于湿度的统计量，按照概率分布理论确定触发值。其次，设计湿度测度指标，测算湿度降低造成风险的严重程度。再次，计算气候减产率，反映草原生产力因天气灾害而减产的程度。最后，构建气候减产率关于湿度测度指标的计量模型，测算湿度测度指标的期望，以参数法厘定湿度保险费率。以锡林郭勒草原为例，运用该方法确定了相应的触发值，厘定了保险费率。本章从理论上丰富了草原保险精算理论，实践上进一步精细了草原保险的费率。

第 7 章：主要结论与政策建议。本章总结研究结论，在此基础上提出进一步完善草原保险制度的政策建议，同时对未来的研究方向进行展望。本书研究的技术路线如图 1 -1 所示。

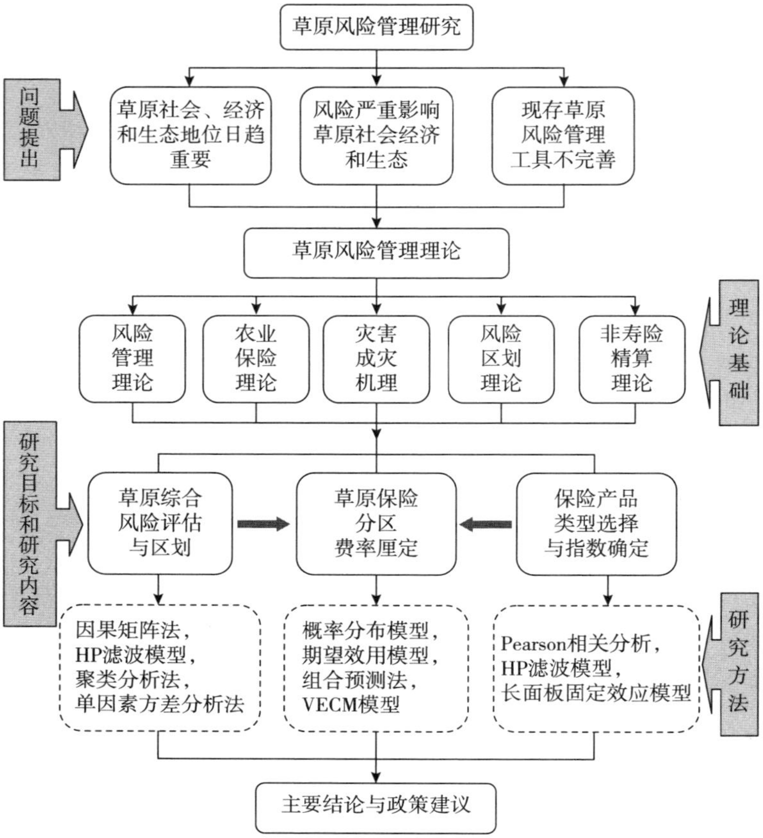

图 1－1　本书研究的技术路线

1.6　研究区、研究方法和数据/资料来源

1.6.1　研究区的选择

研究草原保险，特别是草原天气指数保险，需要考虑气候因素对选择区域的代表性。所选择的区域越大，气候数据的代表性就越小，所选择的区域越小，气候数据的代表性就越大。只有气候数据对所选区域具有足够的代表性，测算的触发值、厘定的保险费率才会准确。

本书选择内蒙古自治区锡林郭勒草原作为研究区，有以下几个原因。一是内蒙古自治区草原面积居于全国第二位，内蒙古草原产草量居于全国第一位，锡林郭勒草原是内蒙古自治区草地资源最丰富（包括五类草原类型）和草原面积第二大的地区。二是锡林郭勒草原面临的风险较多，包括旱灾风险、火灾风险、雪灾风险、生物灾害风险和人为风险，且多种风险之间相互作用关系显著，因此适用于选择一种综合性的指数进行费率厘定，能够覆盖尽可能多的风险类型。三是锡林郭勒盟数据支撑度较高，时间序列较长、空间尺度较为精细。

1.6.2 研究方法和方案

本书主要的研究方法和方案如下。

文献归纳法。从草原风险形成机理、草原风险量化、国外草原保险的发展经验、草原保险产品设计、农业风险评估和区划的理论和方法，以及保险费率厘定理论及方法等七个部分对现有文献进行收集、整理和评述，形成本书的概念框架和理论基础（第 1 章和第 2 章）

统计分析法。第一，统计描述法。（1）收集大量中国草原及其灾害的数据与历史资料，理论上阐述中国草原及其灾害的发展现状，并归纳总结其发展特点、问题与难点，并用数据论证观点，运用描述性统计描述草原植被和草原灾害逐年频次及造成的灾害损失指标。草原产量指标为牧草鲜重和干重产量、草原地上生物量和 NDVI 指数等；雪灾风险统计指标为不同地域空间内积雪深度及其气温、风速和持续时间，积雪掩盖牧草程度，按照雪灾等级标准划定的轻重灾的频次等；旱灾风险统计指标为按照旱灾风险等级划分的不同等级旱灾风险出现的频率，草原受灾面积和受灾牲畜数量。火灾风险指标统计不同区域易发生火灾的面积和频繁发生火灾的面积，火灾发生频次和火灾面积；生物灾害风险指标主要统计草原常发生的鼠害和虫害，其中鼠害指标统计不同草原分布的主要鼠种类，鼠害危害面积。虫害指标统计不同草原分布的主要虫种类，虫害危害面积。以此得到草原及其灾害的基本现状，基于此总结草原风险形成及致损机理（第 2 章和第 4 章）。（2）收集国内外草原保险相关的政策文件和发展现状数据，归纳总结其发展成效、运行特征，并判断其发展趋势，总结中国政策性草原保险发展亟须解决的问题（第 3 章）。第二，单因素方差分析和 LSD 多重比较是检验多个个体之间差异的显著性的方法，其可用于检验区划结果中各风险区间差异是否显著，以此判断区划结果是否可用。该方法的思想是，在判断控制变量对观测变量产生显著影响的前提下，确定控制变量不同水平对观测变量的影响程度，其是在总体方差相等的假设条件下，对全部变量观测值进行最小显著性差异检验的过程（第 4 章）。第三，相关分析法。以草原风险损失为被解释变量，草原各种致灾因子为解释变量，数据标准化后进行 Pearson 相关分析，得出对草原风险损失贡献度最大的致灾因子，即草原指数保险确定的指数（第 5 章）。

计量分析法。第一，HP 滤波模型。在风险区划中，风险评估是基础。首先，将草原观测指标进行趋势产量和气象产量的分离，将由牧草本身进化退化造成的产量变化称为趋势产量，由年际间气象条件的差异造成的产量变化称为气象产量，由其他变量的变动对牧草产量造成的影响称为随机产量。根据牧草产量形成的特点，现有理论成果根据不同的理论和方法建立了不同剔除趋势产量的方法，包括回归方程模拟法（李琴英，2016）、滑动平均模拟法、直线滑动平均法（张蕾等，2014）、自回归移动平均法（孙妍等，2019）和 HP 滤波模型（牛浩等，2016），五种方法适用条件不同，各有优缺点。目前，使用自回归移动平均法和 HP 滤波模型的较多。利用 HP 滤波模型对牧草单产去趋势，再利用相关性检验、ADF 检验等验证趋势产量的代表性，选出最优剔除趋势产量的模型。选出模型后，总产量剔除趋势产量为气象产量，即由气象灾害导致的牧草产量波动量，此为气象波动变量，即为牧草单产减产率，构成承灾体的脆弱性指标（第 4 章和第 5 章）。第二，前人研究表明半定量化因果关系矩阵是分析多重风险间的相互作用的有效方法，其思想是首先利用半定量化的因果矩阵法识别多重风险间的相互作用，若识别结果认为风险间存在相互作用关系，确定相互作用强度，引入危险性模型中，以此构建危险性模型（第 4 章）。第三，长面板固定效应模型，以草原风险损失为被解释变量，以草原各致灾因子为解释变量，由于时间序列大于个体数量，选用长面板，利用豪斯曼检验分析存在固定效应，选择固定效应模型，因此选择长面板固定效用模型分析哪一个致灾因子是草原风险损失最为关键的致灾因子，即最能够解释草原风险损失变差的致灾因子，以便于选择草原指数保险产品的指数（第5章）。第四，组合预测法。利用ARIMA模型和趋势外推法，考虑ARIMA模型刻画时间序列的短期波动，预测气象指标的趋势值，从而构建气候气象指数用于设计草原保险（第6章）。第五，纯保费计算方法。它是在单位标的、危险单位或者风险区划的基础上，利用统计学和概率论的相关理论，通过对某区域范围内产量各年均值进行分析，评估作物年产量概率分布，考虑赔付方式从而进行纯保费计算。一般意义上的保险费率指毛保险费率，包括纯保险费率、经营成本、预期盈利率等，其中经营成本和预期盈利率又被称为附加费率。因此保险公司向投保人征收的费率是毛费率。依据纯保费法计算纯费率，纯费率的公式为

$$R = \frac{E(L)}{\lambda \hat{Y}_{it}} = \frac{\int_0^{\lambda \hat{Y}_{it}} (\lambda \hat{Y}_{it} - Y_{it}) f(Y) dY}{\lambda \hat{Y}_{it}} \tag{1-1}$$

其中，λ 为式（1-1）中确定的不同保障水平，$\hat{Y}_{it}$ 为趋势单产（i 指区划最小单元，t 指费率厘定最小单位），Y_{it} 为实际单产，$\lambda \hat{Y}_{it}$ 为保险金额，$E(L)$ 为风险损失期望值，$f(Y)$ 为单产的概率密度函数。

对期望损失建模，根据数据分布要求主要分为两类，正态分布模型和单产分布模型法。由于草原保险没有前期的经验保险数据支持，无法提前确定数据是否为正态分布，选用单产分布模型法来厘定费率。而单产分布模型法又分为两种，即参数法和非参数法。Goodwin et al.（2004）指出，当数据足够大时，应首选非参数方法，因为它对分布的估计没有最小结构的限制。相反，当数据量较小时，参数化方法更为适用。在使用AD/KS检验选出最优模型即可（第6章）。

第六，VECM模型（向量误差修正模型）用于检验相关变量之间是否存在长期均衡关系，若存在长期均衡关系，则具体的长期均衡关系（最终的关系向量）是什么？具体的建模步骤是在收集和预处理数据的基础上，利用Johansen检验进行数据的平稳性检验，若通过平稳性检验，则建立VAR模型，基于AIC、BIC、SIC和HQ准则确定VAR的最优滞后阶数，确

定最优阶数后建立 VECM 模型（陈强，2014），使用 VECM 模型去预测（第 6 章）。

1.6.3 数据/资料来源

（1）气象数据来源。本书采用的气象数据来源于中国气象科学数据共享服务网和内蒙古自治区气象局所提供的地面气候资料日值数据集。气象指标包括各气象站点逐日降水量（毫米）、平均气温（℃）、最高气温（℃）、最低气温（℃）、日照时数（小时）、风速（米/秒）和平均相对湿度（%）等。气象数据的时间序列是 1970—2020 年的逐月气象要素数据。本书选择数据插值方法的主要目的是利用有限的地面气候资料来估测其他未观测点的数据，合理估计整个研究区内各气象要素的空间分布。

（2）草原地上生物量数据来源。本书所用的牧草产量数据来源于草原监测站点数据和内蒙古自治区气象局。首先，草原监测点收集的数据包括多期草原调查数据库、草原植被观测数据库、草原资源特性数据库、草原气象观测数据库、天然草原长势监测数据库、天然草原生产力监测数据库、草原土壤观测数据库和牧草生态特性等数据，选取的草原地上生物量指标。可以从中国农业科学院国家农业科学数据共享中心草地与草业数据分中心（http：//grassland. agridata. cn/）申请得到。其次，内蒙古自治区气象局的数据是草原生态固定观察点的数据，主要是每年 7～8 月人工测产，获取的数据是 2004—2018 年锡林郭勒盟 13 个草原生态固定观察点的 8 月末草原地上生物量数据。

（3）遥感数据来源。本书所用到的遥感数据是 MOD11 A2 和 MOD13 A2 产品数据，可从 NASA 网站（http：//ladsweb. nascom. nasa. gov/data/search. html）上免费下载。遥感数据主要是选取 NDVI 指标，1 千米分辨率的逐月数据，利用 ArcGIS，按照行政区划图裁剪出特定区域后，进行空间插值和平均值处理，得到 2000—2020 年锡林郭勒盟各旗县逐月的 NDVI 平均值。

（4）灾情数据来源。本书利用的灾情数据主要包括雪灾风险数据和火灾风险数据。其中，雪灾风险数据采用内蒙古自治区气象局提供的 2004—2014 年锡林郭勒盟 13 个旗县（管理区）基本、基准气象站点的日积雪深度、积雪持续日数、日平均气温，并结合生态观测站的固定观察点监测的草层高度数据，计算得到积雪掩盖牧草程度数据。火灾风险数据来源于内蒙古自治区气象局防火信息管理系统提供的1981—2018年锡林郭勒盟13个旗县（管理区）的数据，包括火灾受灾草原面积、火灾伤亡人数及其造成的经济损失等。

（5）社会经济数据来源。本书使用的社会经济数据指标包括牲畜数量、草原面积、地区生产总值、公路里程、农牧民人均纯收入、打贮草总量、机电井眼数和畜棚面积。上述指标是根据2010—2019年《锡林郭勒盟统计年鉴》、2005—2019年《内蒙古统计年鉴》和2000—2019年《中国县域统计年鉴》中摘取的2000—2019年的锡林郭勒盟各旗县的指标整合成的社会经济指标。

1.7 创新点与不足之处

1.7.1 创新点

本研究的创新之处主要体现在以下四个方面。

一是本研究改善了草原综合风险评估与区划的框架。本书融合天—地—空的多源数据，将草原多种风险纳入同一研究框架中，进行草原综合风险评估与区划，弥补了草原综合风险评估与区划研究的空白，并识别和量化了草原多重风险间的相互作用关系，完善了草原综合风险评估与区划的指标体系，以此构建了草原综合风险评估与区划的框架，得到了草原综合风险区划图。

二是本研究确定了适宜于草原天气指数保险的指数。融合天—地—空的多源数据，基于指数保险的设计原则，分析并识别出多种致灾因子中对草原风险损失的解释能力最高的因子，提高了指数对草原风险损失的解释能力，弥补了前人研究中指数保险的设计基差风险过大的问题。

三是本研究提供了不同风险区、不同保障水平下、不同月份的纯费率，进一步满足了保险设计原则中的费率与风险对等的原则和最大需求满足原则。一方面，与传统保险中所有区域费率相同相比，每个风险区有其对应的费率可以进一步使风险与费率对等，降低逆向选择等风险。另一方面，提供了不同保障水平下和不同月份的费率，为牧户提供了更多的保险选择，可以进一步满足投保者的需求。

四是研究发现了保险的设计可以脱离传统的保障一种或多种灾害风险，转向考虑保障致灾因子。一方面，保障致灾因子可以提高保险保障效率。例如，保障火灾风险，只关注这一种风险，参保率势必会很低。但若抛弃保障风险的概念，转而保障致灾因子，可能会同时解决多种风险，例如，保障降水量降低，降水量低是旱灾风险、火灾风险和生物灾害风险等多种风险的致灾因子，保障一种致灾因子可以同时保障多种风险，因此将提高保障效率。此外，在保险有财政补贴的情况下，也可以在一定程度上提高财政资金的利用效率。另一方面，保障致灾因子可以解决因数据的质量低和数量不足导致的产品难以设计或设计难以精细化等问题，特别是在选择气象因子或遥感因子作为致灾因子的情况下，数据较为精准。

1.7.2　不足之处

本研究存在的主要不足是纯费率厘定的空间尺度过大。气象数据的空间尺度仅到旗县级别，由于锡林郭勒草原地域面积广阔，每个旗县的区域面积大，导致分区费率厘定的结果仍可能存在指数保险的基差风险。

2 概念界定与理论基础

本章主要是基础理论研究，旨在为本书研究的开展奠定理论基础。首先，对涉及的风险、风险管理、草原保险、精算等基本概念进行阐述。其次，重点界定草原保险、农业保险和生态保险的概念，为下文开展草原保险精细化费率厘定研究奠定基础。最后，介绍草原风险管理的一般理论，阐述草原风险管理的目标、过程、方法等，并指出草原保险作为农业风险管理策略的运作机理和优势，为评估和区划草原风险、厘定草原保险费率提供理论借鉴。

2.1 概念界定

2.1.1 草原风险的定义和类型

2.1.1.1 草原风险的定义

草原是一个广义的概念，不同学科的定义不同（章祖同，2004）。在畜牧学和农学中，草原是以天然饲用植物为主的具有特殊生态系统的畜牧业生产基地，此时同义词为草场和草原；在植物地理学和地植物学中，草原是以多年生微温旱生草本植物为主，有时也包括一些小灌木和半灌木的植物群落（章祖同，2004）；草原是在周期性水分不足而无地下水供应情况下的一些旱生或旱中生草本植物所组成的植物群落（侯学煜，1982）。显然，畜牧学范畴的“草原”一词的定义、范围及内容都远远超出了地植物学中“草原”一词的含义，一般来说，若无特殊要求，草原为畜牧学范畴内的草原，它等同于美国的牧场（rangeland）、澳大利亚的牧草原（pasture）以及欧洲的草原（grassland）。草地是生长草本或木本植物，有相应的动物、微生物生存的生态系统及其景观，可用于人类生产和生活的陆地部分，其泛指意义是草原的同义语，包含天然的和栽培的具有草地生产特性的土地，以及与此有关的气候、土地、水源、位点特性以及所承载的生物（孙鸿烈等，2000）。区别于草原和草地，牧草指作为家畜饲料而栽培的植物，广义的牧草包括青饲料和作物，既可能是生长在草原上的牧草，即天然牧草，也可能为人工种植的牧草，即人工牧草。本书将草原定义为畜牧业中的草原，不包含人工种植的牧草，只包含天然牧草。

草原生产力指草原能够生产产品的能力。根据草原畜牧业生产的全过程，可用三种方式反映草原生产力：第一性生产能力，即一定时期内单位面积生产植物性产品（牧草）的能力；第二性生产力，即一定时期内单位面积生产动物性产品的能力，用货币表现的叫作畜牧业产值；草原容纳牲畜的能力，即在一定放牧期内，在不影响牧草继续生长和牲畜正常生长发育的情况下，单位面积草原所能容纳的牲畜数量，也称为载畜量。本书仅考虑草原的第一性生产能力，即单位面积的牧草产量，目前可用利用草原地上生物量和 NDVI 两个指标来量化。其一，草原地上生物量是描述草原植物群落的指标体系，它反映草原植物与植物之间、植物与环境之间的相互作用关系，具体而言包括两个指标，一个是植物高度，是反映草原生产能力和群落生物量大小的重要指标；另一个是多度，指在样地范围内，各植物种植株的相对数量，是测度群落植物种个体数量的相对指标。其二，NDVI（归一化植被指数）指遥感影像中，近红外波段的反射值与红光波段的反射值之差比两者之和。NDVI 取值范围为 -1 ~ 1，负值表示地面覆盖为云、水、雪等，正值表示植被覆盖度，NDVI 越大，植被覆盖度越大。

风险的构成及特性，不同学科解释不同，但是本质相同。从风险学角度来看，风险由风险因子、风险事故和风险损失三个要素构成。风险因子是事故发生的根本原因，风险事故是造成损失的最直接原因，是损失的媒介，风险损失是非故意、非预期、非计划的直接或间接损失。损失指经济价值的减少，可分为实质损失、额外费用损失、收入损失和责任损失。从自然灾害学角度来看，自然灾害学主要关注点是自然灾害风险，因此，自然灾害学定义的风险指超过一定程度的自然变异发生的可能性以及对人类社会和经济发展可能造成的损失程度。与风险学不同，自然灾害学领域对自然灾害风险形成过程存在争议，有三种观点：一是自然灾害风险形成二因子法，即灾害风险 = 遭受灾害的频率 × 承灾体受损程度（脆弱性）；二是自然灾害风险形成三因子法，自然灾害风险是自然灾害的危险性、承灾体的暴露性、承灾体的脆弱性相互作用而形成的，即风险 = 危险性 × 暴露性 × 脆弱性；三是自然灾害风险形成四因子法，张继权等（2012）认为风险是灾害的危险性、承灾体的暴露性、脆弱性和防灾减灾能力四个因子共同作用的结果。

狭义的草原风险指自然因素和人为因素的影响导致的畜牧业生产过程中和牧草生长过程中遭受的损失和不确定性。这个概念强调突发灾害事件给草原造成的损失不确定性，体现单一灾害风险研究的特征。在狭义的草原风险的概念界定中，草原风险管理是针对避免风险的产生和减少生产中的灾害损失来展开的。与狭义的草原风险相对应的是综合草原风险的概念。草原综合风险观点认为，草原畜牧业生产是一个与草原的自然生长相互依存、相互影响、彼此循环的过程，草原风险考察不仅包括草原畜牧业生产中产生的灾害风险的研究，还包括草原灾害以及对草原自然长成过程中的灾害风险特征的研究（秀英，2012）。

2.1.1.2 草原风险的类型

草原旱灾风险（Grassland drought disaster risk）指由于长期降水量较少，空气、土壤和牧草缺少水分，牧草不能正常返青或影响牧草正常生长和发育，从而导致草原生物量减少的灾害现象发生的可能性和造成的可能性损失。

草原雪灾风险，也称为白灾风险，积雪深度、积雪日数以及气温是成灾必要条件。根据成灾因子，雪灾可分为不同等级。草原雪灾对草原生产的影响，除了阻碍家畜觅食、采食和行动外，与之相伴的低温是伤害家畜的重要因素。

草原风灾风险也被称为黑灾风险。沙尘暴是风灾的重要表现形式，主要影响牲畜采食，更严重的甚至发生牲畜丢失现象。

草原火灾风险是冬春季节草原生产面临的主要自然灾害风险，尤其春季，因为降水少，气温回升快，大风日数多，地被物干燥。火灾主要损害地表的牧草，影响牲畜增重，甚至直接造成牲畜死亡。草原火灾周期性波动主要受气候和生物量积累的周期性影响。

草原生物灾害风险主要是鼠、虫、病害风险，是生物特有的活动规律、气候等自然因素和放牧等管理活动共同作用的结果。其中，草原鼠害是啮齿目的小型哺乳动物对草原生产造成的破坏。草原虫害主要为蝗虫和草原毛虫。草原蝗虫爆发主要是由于冬春高温、夏初的干旱少雨以及草原退化，牧草氮含量下降是直接原因。草原毛虫的幼虫消耗牧草、影响家畜正常采食，也会引发家畜中毒。

草原人为风险指由于人类不合理行为，如放牧、割草、采挖、工矿、道路和旅游等导致的风险，其中，放牧是天然草原最主要的利用方式，与其他人为风险相比，放牧对草原具有长期稳定影响，而采挖、工矿、旅游等更多的是短期影响，很难在长期影响中测度出效果。

2.1.2　草原风险管理的内涵

草原风险管理指以当前最小的风险管理成本获得未来最大的安全保障，草原风险管理是通过风险发生前的风险管理（降低风险发生的可能性）和风险发生后的管理（通过减灾和损失补偿使受灾体恢复到风险损失前的状态），将风险前后管理有机结合在一起形成风险管理。

具体而言，草原风险管理指识别与衡量草原灾害风险，并根据灾害风险的规律与特征防范灾害与补偿灾害风险损失，防止和减少损失，以保障草原生态安全及草原畜牧业生产的顺利进行（秀英，2012）。

2.1.3　草原保险的概念与内涵

保险（Insurance）指被保险人根据合同约定，向保险人支付保费，保险人对于合同约定的可能发生的事故因其发生所造成的财产损失承担赔偿保险金责任（郭新雅等，2022）。从风险管理角度来看，保险是风险管理的一种方法。从经济角度来看，保险是分摊意外事故损失的一种财务安排。从法律角度来看，保险是一种合同行为，是一方同意补偿另一方损失的一种合同安排。从社会角度来看，保险是社会经济保障制度的重要组成部分，是社会生产和社会生活的稳定器。

农业保险（Agricultural Insurance）的概念有狭义和广义之分，狭义的农业保险是针对农业生产对象的损失，而广义的农业保险则涉及农业生产对象、生产工具和生产主体的损失、损坏和伤亡。当前学术界和实业界对狭义的农业保险定义使用得较为普遍，因此本书从狭义角度对农业保险概念进行梳理。狭义农业保险指保险公司根据农业保险合同，对被保险人在农业生产过程中因约定的自然灾害、意外事故、疫病或者疾病等事故所造成的保险标的财产损失承担赔偿保险金责任的保险活动。农业保险中所称农业，指种植业、林业、畜牧业和渔业等产业。在此过程中，农业风险通过支付保费获取保险合同的方式，从农民转嫁到保险公司（柴智慧，2014；张旭光，2016）。

生态保险（Ecological Insurance）指被保险人在生产、经营过程中，因为意外的或非故意的生态经济危险事故的发生，造成生态破坏或环境污染，依法承担生态系统修复、环境污染治理或第三者损失的责任保险。

草原保险（Grassland Insurance）指被保险人在生产经营过程中，保险标的遭受合同约定的自然灾害，造成草原生物量降低，威胁到草牧业生产经营和生态安全的保险活动。草原保险能够在一定程度上保护生态，这有利于生产者，同时也对整个生态系统的安全稳定作出了贡献，因此草原保险像农业保险一样具有正外部性，属于准公共物品（Mishara et al.，1996），而准公共物品只能采取政策性保险的经营方式（庹国柱和王国军，2003）。因此，本书的研究对象为政策性草原保险。

农业保险、生态保险和草原保险三者的关系如图 2－1 所示，草原保险兼具农业保险和生态保险的特征，这是因为草原作为保险标的和农业保险中的农作物有相似的性质，而草原保险除考虑与农业保险相同的灾害造成的经济损失外，还考虑灾害造成的生态安全问题。因此，在研究草原保险合约设计的相关问题时，可借鉴农业保险的研究成果。

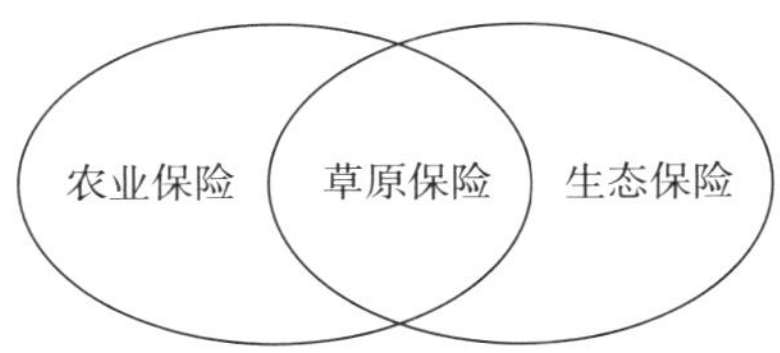

图 2－1　农业保险、生态保险和草原保险关系

保险产品按照保险标的和责任范围不同，可分为单一责任险、混合责任险。按照保障程度不同，可分为成本保险、产量保险、收入保险。按照保险损失核定方式不同，可分为损失补偿型保险和指数型保险，其中指数型保险又可分为死亡指数保险、区域指数保险、天气指数保险和遥感指数保险等。按照政府是否参与，可以划分为财政补贴型保险和商业型保险。

保险责任指保险人依照保险合同对被保险人或者受益人承担的保险给付责任，即保险合同中约定由保险人承担的危险范围，在保险事故发生时所负的赔偿责任，包括损害赔偿、责任赔偿、保险金给付、施救费用、救助费用、诉讼费用等。被保险人签订保险合同并交付保险费后，保险合同条款中规定的责任范围即成为保险人承担的责任。在保险责任范围内发生财产损失或人身保险事故，保险人均要负责赔偿或给付保险金。保险人赔偿或给付保险金的责任范围包括损害发生在保险责任内，保险责任发生在保险期限内，以保险金额为限度。

保障水平（Coverage Level）的定义存在争议。Goodwin 和 Mahul（2004）认为，农作物保险的保障水平就是保险金额，即被保险人可能获得的最大保险赔付。一些学者对这一观点进行了拓展，认为保障水平实际上是多风险作物保险（MPCI）的保障产量水平，主要由农户参保时选择的保障比例或免赔额决定（于洋等，2011；余洋，2013）。中国农业保险保障水平研究课题组（2017）认为，农业保险保障水平分为两个层面：宏观层面指农业保险能为该区域农业产业发展提供风险保障的程度；微观层面指农业保险能为农业或农民提供收入补偿或恢复再生产的保障程度。张峭等（2019）具体量化了农业保险保障水平，计算公式为

$$\begin{aligned}\text{保障水平} &= \frac{\text{总保险金额}}{\text{总农业产值}} = \frac{\text{承保数量} \times \text{单位保额}}{\text{种养规模} \times \text{单位产值}} = \frac{\text{承保数量}}{\text{种养规模}} \times \frac{\text{单位保额}}{\text{单位产值}} \\ &= \text{保障广度} \times \text{保障深度} \qquad (2-1)\end{aligned}$$

由式（2-1）可以看出，该量化的保障水平主要是对现存保险保障水平的评价，与本书的研究目的不同，本书是为草原保险选择合适的保险金额，在此基础上丰富保险金额，增设保障水平。因此，本书区分保险金额和保障水平，保险金额指被保险人对保险标的的实际投保金额；保障水平是为满足不同生产者的需求，设计的多个不同的保障比例和免赔额。

保险费率（Premium Rates）指保险人按照单位保险金额向被保险人收取保险费的标准，是被保险人交纳的保费与其对应的保险金额的比值，一般用百分比表示。从保险费率的构成来看，一般可以分为精算公平费率（或纯费率）和附加费率。区别于保险费率，保险定价指保险人在保险产品开发过程中，依据保险标的所面临风险的规律性（如财产保险中的损失概率）、保险公司经营费用及经营状况、保险市场供求状况等因素而确定单位保险金额所应收取的保险费的行为。实际上，保险定价与保险费率的内涵和计算方式相同，但保险定价多指公司经营性质的决策，保险费率以精算模型为基础更客观，本书采用保险费率这一名称。

损失率（Loss Ratio）又被称为赔付率，是分析保险赔款时广泛使用的一个统计量。损失率等于赔款除以保费。损失率可以是基于纯损失而不包括各种理赔费用，也可以包括分摊的或总的理赔费用。赔款可以是已付的、已发生的或者最终的赔款。而保费可以是签单保费或者满期保费。

保险中对于已支付或未来将支付给索赔人的赔偿金额称为赔款（Loss）。已付赔款指在当期已经给付的赔款总额。而个案赔款准备金指对于目前仍然没有结案的赔案，估算未来预期还要支付的赔款而提存的赔款准备金。已发生赔款指该期间内的已发生的所有事故应赔付的总金额，等于已付赔款与个案准备金的总和。已发生赔款主要用于区别最终赔款。最终赔款除了已发生赔款之外，还包括计算赔款时仍未向保险公司报告的已发生未赔付赔款。

风险评估（Risk Assessment）指风险事件发生前后，对该事件给人类的生活、生命、财产等各方面造成影响和损失的可能性进行量化评估的工作，即风险评估是量化测度某一事件可能带来影响或损失的程度。风险评估是风险区划的前提。

风险区划（Risk Zoning）是基于灾害系统理论和保险基本原理理论建立的，利用区划方法，在对风险定量评估、对保险关键定价参数厘定的基础上，对其空间分异规律进行展示的系统工作。

指数保险是依据区域产量、某些气象指标（如降雨量、气温等气候变化的可观测值）或者遥感指标（如 NDVI）等进行赔偿的保险产品。指数保险最大的特点是将保险标的物损害程度指数化，在此基础上设计相关保险合同、确定相应标准水平，灾后实际计算出来的指数如果达到合同标准，则投保人可以得到相应赔偿（吕开宇等，2014）。指数保险所依据的指数类型比较多样，例如以气象指标、卫星图像、区域内作物的平均产量或者价格等作为触发值，而与此相对应的产品有气象指数保险、产量指数保险、卫星指数保险、价格指数保险和收入指数保险等多种类型。其中，天气指数保险指把一个或几个天气因子如气温、降水、风速等对“标的物”的损害程度指数化，每个指数都有对应的指标和损益，保险合同以这种指数为基础，当指数达到一定水平并对标的造成一定影响时，投保人就可以获得相应标准的赔偿。天气指数保险将特定的天气指标指数化后作为触发机制，当指数超出预定的标准，保险人就要进行理赔的农业保险模式（刘亚洲，2017）。

指数保险最主要的问题就是基差风险的存在，基差风险（Basis Risk）最初用在金融产品领域，通常指保值工具与被保值商品之间价格波动不同步所带来的风险，具体而言，基差风险就是相关指数不能和投保人遭受的损失完全相关的风险，可能出现投保人遭受了损失但是没有得到保险赔偿，同样地，投保人得到了保险赔偿但没有遭受损失两种情况（刘亚洲，2017；王月琴，2020；Barnett，2007）。

2.1.4　草原保险精算概念与内涵

草原保险精算属于非寿险精算领域，草原保险精算指运用数学工具对未来不确定性事件进行分析，从而对相关经济行为进行预测。进入 20 世纪以后，非寿险领域的精算问题日益增多。在第二次世界大战以后，非寿险精算的理论日趋完善。到了 20 世纪 70 年代，非寿险精算学已发展成为一个独立的分支学科。但是非寿险精算学在计算技术上的成熟性和科学理论上的完备性落后于寿险精算学，且由于非寿险精算涉及的随机因素更多、计算误差更大、定量分析更困难，非寿险精算相对而言更加复杂。此外，由于非寿险精算的起步比较晚，其理论的系统性还不足。

2.2 理论基础

从上文草原风险、草原风险管理、草原保险和草原保险精算的界定可以看出：其一，草原风险繁多，各风险间相互作用关系尚不明确；其二，草原保险是草原风险管理中应对风险损失的方法策略之一；其三，风险识别和分析及风险管理是草原保险精细化费率厘定的重要前提。因此，本部分将系统梳理草原风险形成机理理论、草原风险管理理论、保险理论和非寿险精算理论，为下文精算草原天气指数保险费率提供理论借鉴。

2.2.1 风险管理理论

2.2.1.1 风险管理的目标

风险管理作为一门独立的管理学科，应当有其自身的管理目标。对于草原而言，草原风险管理目标的研究可以补充与完善风险管理理论。可将风险管理的目标划分为三个阶段。第一阶段，无论损失发生与否，考虑风险管理目标。持这一观点的学者认为，风险管理的目标是维持生存；安定局面；降低风险管理成本，从而提高利润、稳定收入、避免经营中断，促进继续成长、满足企业社会责任感和建立良好形象愿望；履行外部强加的义务（威廉姆斯和汉斯，1990）。第二阶段，仅考虑损失发生后的风险管理目标，持这一观点的学者认为，风险管理的主要目的是在意外损失发生后，恢复财务上的稳定性和营业上的活力以及对所需资源的有效利用，即以固定费用使长期风险的损失降到最低。第三阶段，风险管理目标越来越具体和丰富，同时考虑实际损失和机会损失；降低成本、提高价值、控制损失等多目标并行（哈林顿和汉斯，2005）。

综合上述学者的阐述，本书认为草原风险管理是以当前最小的风险管理成本获得未来最大的安全保障，将目标划分为直接目标和间接目标。草原风险管理的直接目标是识别与衡量草原灾害风险，并根据灾害风险的规律与特征防范灾害与补偿灾害风险损失、防止和减少损失、保护草原植被，从而保障草原生态安全。草原风险管理的间接目标是通过直接目标的实现，促进草原畜牧业稳定和可持续发展。

草原风险管理直接目标包括以下两个方面。

第一，掌握风险规律，改善风险脆弱性，并通过风险管理尽可能地减少损失发生的可能性或降低损失程度是风险损失前草原风险管理的目标。草原风险损失往往与草料的充足性和基础设施的建设情况有关。因此，可通过保护草原植被和草原基础设施来降低风险损失发生的频度和幅度。

第二，保障草原生态安全是风险前和风险后的综合管理目标。风险管理方案应使草原生态安全可持续发展，并通过该目标使草原生态得到进一步改善，从而使区域经济乃至社会免受草原损失的影响。

草原风险管理的间接目标是以促进草原畜牧业的可持续发展为目的的具有战略性意义的一种政策目标（秀英，2012）。草原畜牧业可持续发展包括草原资源生态环境的可持续发展、草原畜牧业经济可持续发展和社会可持续发展三个内容。草原风险管理的间接目标具体包括以下三个方面。

第一，促进草原畜牧业经济的可持续发展。草原风险管理间接目标的首要任务是促进草原畜牧业风险载体的安全及可持续发展，需要运用非传统的风险管理方式，通过构建风险管理的整体框架，促进草原畜牧业的可持续发展，其目标是降低草原畜牧业生产中的风险因素，提高抗风险能力。

第二，促进草原畜牧业生态可持续发展。草原生态环境不仅是草原畜牧业生产所赖以生存的重要资源因素，也是影响以草原畜牧业为主要产业区域发展的重要因素。草原畜牧业第一生产性主要取决于草原生态环境，即牲畜是否有食物的问题，取决于草原生态环境状况。因此，草原生态环境的可持续发展是促进草原畜牧业可持续发展并向生态草原畜牧业方向发展以及生产高品质、高质量畜产品的前提。此外，草原是中国北方重要的生态安全防线，草原的生态服务价值仅次于森林等，草原的生态价值非常之高。

第三，促进草原畜牧业社会可持续发展。草原畜牧业发展对社会可持续发展具有重要的价值，其直接价值是提高牧民收入。一方面，提高牧民收入可以减少贫困，在中国贫困人口中，牧民占据着较大的比重，当前牧区贫困人口的风险脆弱性高是阻碍其脱贫的主要因素。因此，通过草原风险管理，改善牧区整体脆弱性，提高草原畜牧业的生产力、提高牧民的收入水平，从而达到脱贫和防贫的效果。另一方面，提高牧民收入可以增加牧民抗风险能力，近年来，政府转移性收入对提升牧民抗风险能力的作用不大，因此，提高牧民收入成为草原风险管理的重要目标。草原畜牧业发展对社会可持续发展的间接价值是促进牧区经济社会协调发展。草原风险管理的最高目标是使牧区社会总体福利最大化和福利多元化，其中，福利多元化是提高牧民赖以生存的生产活动的风险管理能力以及通过改善社会经济环境的总体脆弱性，并通过教育、卫生事业的发展，对社会资本和人力资本进行投资，包括社会风险管理在内的发展型社会政策直接以促进社会平等和使所有的人实现发展的潜能为指向，最终实现经济社会的协调发展（秀英，2012）。

2.2.1.2 风险管理的流程和方法

综合多位学者的研究结论，同时考虑草原风险多元化的特点，本研究将草原风险管理的流程分为五步：第一步，识别构成草原风险的各种风险因子；第二步，评估草原各风险发生的概率及其造成的损失，并量化多重风险相互作用强度；第三步，选择有效的风险管理方法；第四步，实施风险管理方法；第五步，对草原风险管理流程和管理方法进行监督检验。

其中，草原风险管理方法包括风险损失前的管理方式和风险损失后的管理方式。风险损失前的管理方式包括宏观管理方法和微观管理方法。其一，风险损失前的宏观管理方法，其管理方式要以管理成本最低为原则。要求风险管理人员在选择可实现风险管理目标的前提下，选用最有效和最经济的风险管理技术手段。鉴于草原风险管理的复杂性和风险管理的特殊意义，衡量其管理成本的“最低”度有一定的难度，可供选择的风险管理技术也较少，面对这些困难，风险管理者在风险损失发生前应做到持久与常规的风险监测（如气象监测）、风险防范准备（如饲草库的建设）、制定各种安全计划（如草原火灾应急机制、草原鼠害应急机制等），以及最合理有效的保险转移方案（草原畜牧业保险）。其中，气象预报是灾害风险检测和预测机制的核心内容，气象工作的完善，能够在灾害风险来临之前，确定时间、强度和影响区域，提前通知即将受灾的地区做好准备，把受灾的危害降到最低。但是中国草原畜牧业地区气象预报工作存在一些亟待解决的突出问题。第一，对紧急性和突发性的灾害风险预测能力和防御能力低。气象灾害的预报技术和设备等与经济发达地区存在一定的差距。第二，即使及时预测到突发灾害，由于草原牧区交通和通信的不畅和闭塞，也无法及时传递到牧户家庭。因此气象预报的社会服务能力与当地经济社会发展水平和需求直接相关。第三，由于气象预报不及时传递，本来居住分散、牲畜处于放牧状态的牧区，不能及时实施防灾措施。第四，风险预测和防控体系主要针对天然草原的生物灾害、火灾和鼠灾进行预防监测和预警，但目前监测预警能力较低、应急防控能力较弱、科技创新能力不强①。其二，风险损失前的微观管理方法，保险是风险转移最广泛应用的市场化管理方式，保险是风险转移的特殊形式，主要可分为两种情况：第一，它是一种专门履行某些职能的经济或社会机构；第二，它是保险人和被保险人双方之间的法律合同。草原保险具有准公共物品属性，因此其具有社会保险的部分性质。（1）强制性，草原保险主要用于保护生态安全和保障生产稳定，在保护生态安全的作用下，需要多数草原地区强制性投保。（2）固定的补贴水平，草原保险实施有利于生态保护，从而能够为社会带来一定的生态效益，因此需要提供一定的补贴，且该补贴水平的设计在同一保险计划下一致，个人可购买任意的保险额（James et al.，2002）。

草原风险损失后的风险管理需要遵循畜牧业生产和畜牧业生存的原则。当风险损失形成后，通过草原风险管理，帮助牧民家庭、受灾草原畜牧业，乃至整个区域经济社会在损失发生后渡过难关，保证草原畜牧业生产服务的持续进行，尽快恢复正常的生产生活秩序。风险损失后的管理方式包括资金救济（如草原生态补助奖励）和生产者风险自留等。第一，草原生态保护补助奖励属于财政支持型政策，草原生态保护补助奖励机制的目的是“保护草原生态，保障牛羊肉等特色畜产品供给，促进牧民增收”，其包括禁牧补助、草畜平衡奖励、给予牧民生产性补贴和绩效考核奖励。但是它忽略了草原生产力的季节性和年度变化、未考虑草原土壤时空异质性和退化的阶段性、忽略部分牧民的生产生活需求（侯向阳等，2019）、补偿标准低，不足以弥补农牧户的相关损失，未建立动态调整机制（杨春等，2019）。第二，生产者风险自留是自我管理风险的行为，生产者的防灾减灾措施有购买或储存饲草料、建暖棚、打机井等，但由于生产者经济状况的

① 资料来源：《牧区草原防灾减灾工程规划（2016—2020年）》。

差异，最终使用不同的防灾减灾措施。综上所述，中国现行的草原风险管理措施包括草原生态保护补助奖励政策、草原灾害防控体系、少数试点保险产品和生产者自我管理，呈现出以政府主导政策为主、少数保险试点和生产者自我管理为辅的特征。

2.2.2 保险理论

保险理论起源于15世纪末的海上保险，随后火灾保险理论、人寿保险理论逐步形成。现代保险理论起源于18世纪，随着国民经济的增长、风险种类的增加、投保人需要的增加、经济社会生活的复杂化，保险设计不断完善，保险业务不断扩展。草原保险作为草原风险管理的关键工具，最早起源于美国，随后在加拿大、西班牙、德国、法国、奥地利、瑞士等国家普及。2015年，中国首例草原保险在四川省阿坝州开展，其保险责任包括火灾、雹灾、旱灾、洪水，其后，内蒙古鄂尔多斯市、赤峰市、呼伦贝尔市和兴安盟等地区试点实施，目前，草原保险在中国尚处于萌芽阶段，2020年之前，草原保险多以商业保险试点为主，草原保险供给者主要是商业保险公司，2020年后，内蒙古草原保险条款开始纳入地方财政保费补贴，草原保险的供给者由商业公司向“政府+公司”转变，这标志着草原保险由商业化试点向大规模推广演进，政府主要是作为保险实施方案的制定者、保险执行的监督者和保费补贴提供者，保险公司的主要职能是参与制定并执行草原保险条款。

按照赔偿方式的不同，草原保险可分为传统型损失补偿型保险和指数型保险，其中，传统型损失补偿型保险以产量、成本、价格、收入等为保障标的，在风险发生后，以标的数额的高低确定最终赔付。指数型保险是以某一客观指数（包括区域产量指数、气象指数和遥感指数为保障标的）作为赔付指数，当客观指数达到合同约定值时，承保机构进行赔付。目前，由于草原本身测产难、风险形成复杂等，在全世界实施草原保险的地区中，草原保险多以指数型保险出现。

按照财政是否补贴，草原保险可分为商业性草原保险和政策性草原保险，两者的目标、功能和供给者均存在差异。目前世界绝大多数国家的草原保险均属于政策性保险。这是由于保险经营活动开展是基于大数法则，承保对象是独立的风险，商业保险公司通过收取保费、分散风险来盈利，然而草原风险通常区域性发生，即系统性风险，同时草原风险造成的损失高，因此商业性保险公司不仅无法通过大数法则进行风险分散，还需面对高额度的赔付率，商业保险公司的盈利空间小甚至还会亏本，因此商业保险公司退出保险市场，导致草原风险无人承保。政策性草原保险应运而生。

草原保险开展难，一方面，草原过多的风险转移需求不能被有限的保险供给满足，在草原畜牧业现有的险种中，保费设定难以被投保人所承受从而抑制了牧民们的投保意愿，且投保标的减少使费率进一步上涨，不仅抑制了需求，还诱发了逆向选择和道德风险等问题（秀英，2012；Guo X Y et al.，2022）；另一方面，在很多地区，草原保险属于新生事物，保险需求者对新生事物的接受程度低，推广困难，使草原保险需求低。因此，要解决上述问题，必须提高保险供给数量和质量，且这个过程需要财政补贴的支持。在草原保险经营过程中，在提供财政补贴的同时，还需要外部制度的支持，适合市场环境的补贴形式和制度支持方式共同构成了保障草原保险经营的重要条件。

2.2.3 保险精算理论

保险精算最早起源于16世纪的寿险行业，在概率论、生命表和利息理论的基础上改善和发展起来。19世纪中后期，非寿险领域问题日益增多，非寿险精算理论和技术逐年完善，与寿险领域不同，由于非寿险业务分散、涉及的随机因素多、保险周期短、赔付条件及损失发生形式多变等，非寿险精算较寿险精算相对落后。草原保险属于非寿险精算领域，草原保险精算较农业保险和其他一般性的非寿险精算更加落后，面临的困难更多。首先，草原具有生态保障和生产保障的两大功能，因此，应该保障生活功能还是生产功能保障主体的选择上仍存在争议，若保障生态功能，借鉴森林保险的经验，选择草原主管部门作为被保险人，由其代为投保更为合理。若保障生产功能，借鉴农业保险的经验，选择保险实际经营者作为被保险人更为合理。在现实中，根据功能不同，草原可划分为禁牧区和草畜平衡区，对于禁牧区来说，为保障草原生态安全进行强制性投保，对于草畜平衡区来说，遵从经营者意愿进行自愿投保。其次，草原保险是对草原生态和生产中可能发生的风险事故进行承保，而草原风险主要来源为环境和人类活动，其中，环境变化导致的自然风险对草原影响较大，自然风险具有很强的随机性和不可控性，且草原多重风险间的相互作用关系明显，一种风险的发生，往往伴生着其他风险，使草原保险中风险事件难以预防及预测。此外，中国草原监测数据时间序列和空间尺度不足，导致草原保险难以准确地进行损失分析和评估。最后，草原畜牧业生产的特殊性和复杂性，一方面，草原中牧草存在常年被牲畜随机采食的特点，因此草原牧草测产难；另一方面，对于草原生产来说，草原与农作物不同，产量越高不代表生产力越强。换句话说，单产低的草场生产力可能高于单产高的草场生产力，这主要是因为牧草种类，部分优质牧草植株较为矮小，但营养价值高，牲畜食用后蛋白质转换率高，因此总体产量低的草场生产力可能会高。对于草原生态来说，牧草产量越高代表草原植被覆盖度越高，草原暴露性水平越低，则发生风险时可能的损失越小。但不同的牧草种类抗风险能力不同，整体而言，牲畜可食性越差的牧草，即质量越差的牧草，抗风险能力越强。因此，相较于一般非寿险精算而言，草原风险因子的度量更复杂，在费率厘定过程中的不确定性更强。此外，草原风险的地域性问题可能会导致被保险人同时发生损失，使草原保险面临非常严重的系统性风险和巨灾风险。

草原生态和生产的复杂性决定了草原保险的复杂性，同时也决定了草原保险精算的复杂性。为了草原保险持续健康稳定的发展，需要对草原保险精算及其面临的问题进行梳理和总结，才能更好地解决这些问题及困难。草原保险作为非寿险领域的一个险种，虽然有很多特殊性及复杂性，但其经营准则和精算原理与一般性非寿险相差不大，因此，本研究首要梳理保险精算学的基本原理。

2.2.3.1　保险精算理论的数学基础

本质上来说，保险精算是运用数学工具对未来不确定事件进行分析，从而对相关事件进行预测，总结而言，保险精算主要研究不确定问题及财务问题，解决两个问题的理论基础是大数法则、中心极限定理、信度理论，下面分别介绍这三个理论。

（1）大数法则。大数法则的基本原理是，当随机事件大量重复出现时，往往会呈现出一定的规律，比较常用的大数法则包括切比雪夫大数法则、辛钦大数法则和伯努利大数法则三种，三种大数法则的假设条件、分布条件和公式有所不同，如表 2－1 所示。大数法则告诉我们，在无数次独立同分布的随机事件中，事件发生的概率会趋于一个概率值，这就解决了不确定问题，保险精算基于大数法则进行风险预测，通过承保大量风险，将风险聚集在一起，从而得到大量风险数据与经验损失数据，保险人对风险的预测是基于整体风险而言，无法精确到对个人风险的预测，保险人预测到整体风险，从而避免个人风险的不确定性，在一定程度上消除了风险的偶然性，使偶然变为必然，从而解决不确定性，达到预测损失、控制风险的目标。

表 2－1　　三种不同大数法则性质及适用条件对比

大数法则种类	假设条件	计算公式
切比雪夫	相互独立、同数学期望和方差	$\lim\limits_{n\to\infty}\Pr\left\{\left\lvert\frac{X_1+X_2+\cdots+X_n}{n}-\mu\right\rvert<\varepsilon\right\}=1$
辛钦	相互独立、分布相同、期望存在	$\lim\limits_{n\to\infty}\Pr\left\{\left\lvert\frac{1}{n}\sum_{i=1}^{n}X_i-\frac{1}{n}\sum_{i=1}^{n}E(X_i)\right\rvert<\varepsilon\right\}=1$
伯努利	相互独立、服从 0～1 分布	$\lim\limits_{n\to\infty}\Pr\left\{\left\lvert\frac{f}{n}-p\right\rvert<\varepsilon\right\}=1$

资料来源：该表依据李勇权（2021）整理制作。

（2）中心极限定理。中心极限定理是数理统计和误差分析的理论基础，它指出了大量随机变量近似服从正态分布的条件，即在现实中当每个因素产生的影响比较微小时，则总的影响可看作服从正态分布。中心极限定理是在随机变量独立同分布，且期望和方差均存在的假设下，当样本量充分大时，随机变量服从正态分布。

（3）信度理论。信度理论的产生是由于在非寿险精算中，风险具有多样性和复杂性，风险事件难以估计与预测，同时经验数据相对难以获取，且在经验数据的可用性随时间减弱等情况下，费率厘定既要依据过去的经验，也要根据风险的新变化加以调整，此时信度理论应运而生。信度理论的用途是融合其他辅助性数据以弥补现有经验数据的不足。信度理论的两个基本方法是有限波动和最大精度信度，前者是为了控制数据中随机波动对估计的影响，后者是为了减小估计误差（李勇权，2021）。

2.2.3.2 保险精算技术方法

草原保险保障的是不确定事件带来的经济损失，一旦发生经济损失，被保险人向承保机构提出索赔。草原保险精算同一般非寿险精算相同，需要分析和预测损失频率与损失金额以估计索赔频率和索赔金额从而进行费率厘定。其中，损失频率指在某一个特定的时间内预期会发生保险事故的次数。损失金额指在某一个特定期间内，保险事故发生后，每一次保险事故所预期的损失金额的平均值。那么，总损失金额指在某一个特定期间内，保险事故发生后总共损失的数额。

保险标的的损失频率和损失金额是不确定的，可被视为随机变量，需要掌握损失发生的规律，具体需要对历史数据进行研究，找到其概率分布，一般获取随机变量概率分布的方法有数理统计法、贝叶斯法和随机模拟法三种（见表2－2），其中前两种方法是在理论分布的基础上进行研究，首先，确定理论分布需要构建损失模型，包括损失频率模型、损失金额模型和累计损失模型。其次，需要估计损失的分布。最后，需要进行参数的假设检验和拟合优度检验。其中，损失概率服从离散型的分布模型，常用的分布有泊松分布、二项分布和负二项分布；损失金额服从连续型随机变量的模型，呈现出偏右和短尾的特征，常用的分布包括正态分布、对数正态分布、帕累托分布、卡玛分布、逆高斯分布；累计损失是损失频率和损失金额的复合分布，包括个体风险模型和聚合风险模型两种，前者是计算单个损失加总的总金额，后者是计算一个组合的总损失金额。此外，当同时考虑多个风险因素时，一般构建多元随机变量模型，其特点是多个随机变量组成了多元概率分布，称为多元随机变量的联合分布，是高维变量的分布，一般常用的分布包括联合分布、边缘分布和Copula函数。在损失分布的参数估计中，从估计形式来看，包括点估计和区间估计，从构造估计量的方法来看，包括矩估计、最小二乘估计、极大似然估计和贝叶斯估计。

表2－2　随机变量概率分布获取的三种方法及适用条件对比

获取方法	实施步骤	适用条件
数理统计法	计算损失的梳理特征描绘损失分布—选择理论分布—估计分布参数—拟合优度检验	有大量历史数据支持

续表

获取方法	实施步骤	适用条件
贝叶斯法	选择先验分布—确定后验—选择损失函数—估计未知参数—获取损失分布	不需要大量数据支持，适用于没有历史数据的新业务
随机模拟法	利用计算机产生随机数模拟实际过程	适用于常规解析方法难以解决的问题

资料来源：该表依据李勇权（2021）整理制作。

2.3 理论分析框架

2.3.1 草原风险形成原因及致损机理分析

自然灾害风险是由于自然变异给人类生产生活、社会经济活动带来损失的可能性。目前，国内外对自然灾害形成机理的研究主要有三种结论。第一，区域灾害系统论认为灾害是地球表层变异过程的产物，在灾害的形成过程中，致灾因子、孕灾环境、承灾体缺一不可，忽略任何一个因子对灾害的研究都是不够全面的。第二，区域灾害系统是由致灾因子、承灾体和孕灾环境复合组成的结构体系（史培军，2007），在灾害形成过程中致灾因子、承灾体和孕灾环境这三个要素具有同等的重要作用。然而，致灾因子是灾害发生的首要条件，在同等的致灾因子条件下承灾体会影响灾情的程度，这一切发生的背景条件是孕灾环境。第三，风险形成四因子法，认为风险（R）是灾害的危险性（H）、承灾体的暴露性（E）、脆弱性（V）和防灾减灾能力（C）这四个因子共同作用的结果。其中，自然灾害危险性指灾害的自然变异因素及其程度，主要是由危险因子活动的强度和频率决定。一般情况下，危险因子强度越大，活动的频率或概率越高，灾害可能造成的损失可能越严重，灾害风险级别就越高。自然灾害脆弱性指承灾体因危险因素造成的生命和财产伤害或损失程度，它综合反映了自然灾害的损失程度，主要包括承灾体的暴露程度、自身适应能力、承灾体对灾变的敏感性以及社会经济适应能力。暴露性指可能受到危险因素威胁的所有人和财产，即承灾体暴露于危险因素下的程度。承灾体自身适应能力和对灾变的敏感性指暴露于危险因素下的所有人和财产对灾变的适应性和反应能力。社会经济适应能力指社会经济活动和生产等环境要素适应灾变以减少潜在损害、应对不利后果的能力，即防灾减灾能力。防灾减灾能力与风险具有高度的负向相关关系。

草原是中国面积最大的陆地生态系统，中国草原面积近4亿公顷，居世界第二位，占全球草地面积的13%（韩成吉等，2020；侯向阳，2010）。草原是广大牧民赖以生存的重要物质基础。草原畜牧业是牧区经济发展的基础产业，是牧民收入的主要来源。近年来，草原灾害风险频繁发生，严重威胁草原生态安全，影响牧区草原畜牧业生产和牧民增收，成为制约草原牧区经济社会持续健康发展的“瓶颈”因素。

因此，为了保障草原生态安全，稳定畜牧业生产，促进牧民增收，使牧区社会经济持续稳定健康发展，转移、共担或降低草原风险（草原风险管理）至关重要。风险管理的首要步骤是厘清草原风险有什么，风险的形成机理是什么，风险导致草原风险损失的机理是什么，各风险之间相互作用机理如何，其相互作用对草原风险损失程度影响是怎样的。厘清各风险的形成原因及致损机理可为识别关键草原风险提供理论依据。

草原风险损失指由自然灾害风险、生物灾害风险或人为风险导致的草原损失，草原损失指草原生产者的损失，具体而言是草原、植物、植被和草场的损失，量化指标为草原地上生物量损失，即牧草产量损失。从整个草原系统角度来看，草原风险损失主要源于三个方面（见图2－2），一是草原生态环境，包括气候、土壤和地貌；二是草原的消费者和分解者，消费者包括野生动物和驯养家畜，例如，狼、鼠、兔、牛、羊等，分解者包括土壤动物和微生物（陈佐忠和汪诗平，2000）；三是草原的经营者，包括畜牧业生产者的放牧和割草行为等。由风险损失来源导致的风险因子有草原气候变化导致的气象灾害风险、草原分解者导致的生物灾害风险、草原消费者和经营者共同导致的人为风险。其中，气象灾害风险主要有旱灾风险、火灾风险和雪灾风险；生物灾害风险包括草原虫害风险、鼠害风险和牧草病害风险；人为风险主要是过度放牧风险。为厘清上述各风险因子造成草原风险损失的机理，下文将分别详述各风险的形成原因及其导致草原风险损失的机理。

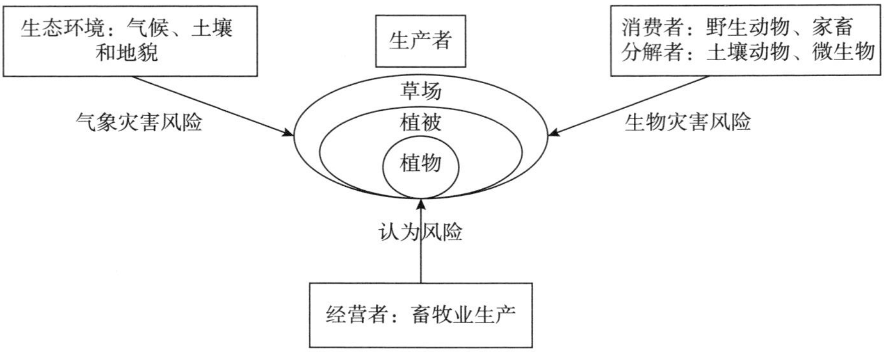

图 2－2　草原风险损失来源

2.3.1.1　草原火灾风险成因及致损机理分析

草原火灾风险是冬春季节草原生产面临的主要自然灾害风险，草原火对草原生态系统的物种演替和自我更新有着非常重要的调节作用，适量的草原火可提高物种多样性和草原生物量。但在现代的社会生产生活中，火灾风险是危害社会公共安全、威胁人民生命和财产安全的主要风险之一。草原火灾的发生与否需要具备三个条件，分别为可燃物、天气与火源，草原火灾是在失去人为控制后，由于适度的地上可燃物储量和连续分布状况，配合降水量低、气温回升快、大风日数多、相对湿度低及地表植被干燥等天气条件，以及斜坡等地形条件，加之人为因素、境外火蔓延或雷击等火源，造成火势自由蔓延和扩展形成的。草原火灾风险严重威胁草原畜牧业生产及人民生命财产安全。一方面，草原火灾燃烧地表植被，使牧草产量减少甚至绝收，以此导致地表完全裸露，增强了土壤侵蚀，造成草原退化，引起鼠虫害增多等。同时，草原火灾还会排放大量的温室气体，导致空气污染，进一步加剧全球气候变化，最终使草原生态系统受到破坏性损失。另一方面，草原火灾严重威胁人民生命财产安全，造成社会经济损失。火灾不仅会造成人畜伤亡，而且会烧毁房屋、棚圈，导致畜牧业生产者的生命财产受到极大损失。同时，牧草产量减少或绝收，导致饲草供给短缺，牲畜体重降低，使畜牧业总体产量降低，加剧了畜牧业生产者经济损失，导致草原畜牧业发展受阻（玉山，2020；姜莉等，2018；李岚和侯扶江，2016）。

2.3.1.2 草原旱灾风险成因及致损机理分析

由于草原生态环境中的降水不足、气候干热和低相对湿度等气候因素，地表水严重蒸发，土壤水分缺乏，土壤中的植物体内水分亏缺，生长发育受影响，形成草原旱灾。若草原在5~6月发生旱灾，称为春季旱灾，会导致牧草返青晚和初夏长势差，若春季旱灾较重，将影响整个生长季的牧草产量。6~8月是夏季牧草生长的黄金期，也是草原最为炎热的季节，发生夏季旱灾的可能性最高，直接影响牧草数量及质量。若春夏旱灾持续发生，往往会导致牧草绝收和地下水位下降严重，进一步导致草原退化，春夏连续旱灾对牧草正常生长发育和草原生态系统危害最大。因此，草原旱灾的直接影响是产草量降低或绝收，持续旱灾会导致地下水位降低和草原退化（秀英，2012）。

草原旱灾的间接影响是牲畜膘情下降或牲畜死亡。草原旱灾导致牧草产量降低或绝收，使牲畜可采食的牧草量降低或无可采食的牧草，最终造成牲畜体重降低或牲畜死亡，同时，由于持续旱灾带来的地下水位的降低，牲畜饮水困难，进而死亡。最后，对于社会经济发展来说，草原旱灾导致牧草产量下降或绝收，持续性旱灾使草原退化，此时牲畜赖以生存食物的数量和质量下降，造成了牲畜体重降低或死亡，从而使草原畜牧业总体产量降低，那么畜牧业生产者的收入随之降低，同时，由于旱灾风险损失程度和灾后重建的难易程度等不同，畜牧业生产者在面临草原旱灾风险后的决策有差异，草原畜牧业的可持续发展也面临挑战。因此，草原旱灾风险最终导致了一系列的社会经济问题（Zargar et al.，2011）。

2.3.1.3 草原雪灾风险成因及致损机理分析

中国草原大多处于高纬度或高海拔地区，冬春季易受大雪的侵袭。对于牧草来说，冬季降雪带来的积雪融水可以满足用水需求，部分缓解春季干旱，还可以减少病虫害的发生，有利于越冬作物的生长（周晓宇等，2020）。但对于社会经济发展来说，由于冬春季降雪量过多、积雪过厚、积雪密度过大，雪层维持时间过长以及大风、强降温等天气的叠加影响，形成草原雪灾风险，并伴生冰冻灾害风险。一方面，草原雪灾直接影响牲畜，由于积雪掩盖草场，造成牲畜无法采食，难以正常放牧，缺乏饲草供给，此时牲畜在饥饿的状态下，体能和抗御冻害风险能力减弱，从而导致牲畜大量掉膘或感染疾病，甚至大量死亡，同时，严重影响母畜产羔和仔畜安全越冬，进而导致母畜产仔率和仔畜成活率降低（秀英，2012）。另一方面，草原雪灾直接影响畜牧业生产者的生产生活，甚至破坏交通、通信、输电线路等，其中道路交通破坏导致饲料运输被阻断，牲畜饲料供给不足，通信和电路破坏影响畜牧业生产者正常生活（娜日斯和王海军，2011）。因此，草原雪灾风险使牲畜总体产量降低和牧民生产生活受到影响，最终导致草原畜牧业生产遭受损失和畜牧业生产者收入降低。

2.3.1.4　草原生物灾害风险成因及致损机理分析

草原生物灾害风险主要包括草原虫害、鼠害和牧草病害引起的风险。第一，危害草原最严重的害虫有蝗虫、草地螟和草原毛虫。草原虫害与气温、地形、地貌、海拔、土壤类型、草地类型、牧草种类、植被高度、植被盖度、天敌等因素密切相关，冬春高温和夏初干旱少雨及草原退化，满足了草原害虫孵化的生存条件，导致害虫数量急速增加，而害虫以采食牧草叶肉为生，由此造成产草量降低或绝收，进一步影响牲畜采食，使牲畜体重降低，从而影响整个畜牧业生产（侯向阳，2013）。第二，草原鼠害是由于草地稀疏、群落结构低矮与环境开阔等特征，为害鼠创造了良好的生存与繁衍条件，害鼠的种群数量恶性膨胀，而害鼠以采食牧草的根系为生，使牧草产量降低或绝收、破坏草原土壤结构，加剧草原退化，同时害鼠传播疾病疫病，威胁家畜和人类生命安全，破坏整个草原系统，并影响畜牧业生产稳定性（舒杨，2014）。第三，牧草病害指在适宜的温度和潮湿天气下病菌滋生，通过风雨为介质快速传播，发病高峰期为 5 月下旬至 7 月上旬和 9 月。病害侵害到牧草根茎叶等部位，导致牧草减产或绝收，牲畜饲草供给缺乏，牲畜体重降低或死亡，使畜牧业总体产量下降，从而影响畜牧业生产者收入及草原畜牧业发展（王楠楠，2017）。因此，草原生物灾害风险直接影响草原生态系统，导致牧草产量大幅降低、表土裸露、传播疾病，引起草原退化，而草原退化又促进了病虫鼠的繁殖，从而形成恶性循环，威胁草原生态系统的平衡。草原生物灾害风险间接影响草原畜牧业生产，由于牧草减产及草原退化引起的草原生态系统破坏，牲畜可采食的饲草短缺，体重降低或死亡，畜牧业生产总体产量降低，畜牧业生产者遭受收入损失，影响畜牧业生产的稳定性和持续性。

2.3.1.5 草原人为风险成因及致损机理分析

除了以上自然灾害风险影响草原生态系统外，人为风险是影响草原的另一个重要因素。人为风险主要包括放牧、割草、采挖、工矿、道路和旅游等引起的风险，其中，放牧指将牲畜放到草场采食牧草或活动，放牧是天然草原最主要的利用方式，与其他人为风险相比，放牧对草原具有长期稳定影响，而采挖、工矿、旅游等更多的是形成短期影响，很难在长期影响中测度出效果，因此，放牧是影响草原长期发展最重要的因素（王云霞，2010）。放牧强度是衡量放牧的指标，其指单位草场面积下的牲畜数量，按照草原对放牧强度的响应，可将其分为适度放牧和过度放牧，适度放牧有利于土壤肥力和草原生产力的保持和提升，不会破坏草原生态系统，但是畜产品输出较少、经济效益不高。过度放牧增加了畜产品的输出，但也使草原各项功能显著下降，过度放牧导致牲畜采食牧草量增加，降低了草地植被的高度和盖度，甚至导致土壤裸露，水分蒸发量大，加剧了水土流失，造成土壤有机质下降。同时，随着放牧强度的增加，牲畜践踏频率也随之增加，导致土壤表层压实，土壤容重增加，土壤非毛管孔隙减少，土壤渗透力和蓄水能力减弱，此时溶于地下水的可溶性盐迁移至土壤表明，造成土壤 PH 值增加，造成土壤盐碱化，随着土壤盐碱化程度的增加，非耐盐碱的植物群落减少，耐盐碱的植物群落增加，加速了草原生态恶化（乌力吉，2020；詹天宇等，2020）。就全球草原而言，过度放牧下地上生物量仅有 20% ~50% 能以凋落物和粪便的形式归还到土壤中。过度放牧使澳大利亚东北部半干旱草原土壤微生物的碳储量下降了 24% ~51%，使内蒙古温带草原的生物量降低 30% ~50%。预期显示，过度放牧将在未来 50 年内使温带草原大部分土壤碳丢失，而适度放牧则有利于增加土壤碳贮存（刚成诚，2015）。

2.3.1.6 草原各风险因子相互作用机理分析

草原灾害风险的形成、发生与发展过程十分复杂，一种风险可能由多种致灾因子导致，一种风险可能引起一系列风险。草原风险的发生，在空间上呈现出在同一地区各种风险的相互关联和组合的灾害链，其主要类型有因果型灾害链、同源型灾害链、重现型灾害链、互斥型灾害链和偶排型灾害链（史培军，2002；张继权等，2012）。各风险间相互作用机理有所差异。

（1）草原旱灾风险和雪灾风险的相互作用机理分析。草原旱灾风险和雪灾风险具有因果型和互斥型的链式规律。学者以锡林郭勒盟旱灾风险和雪灾风险为研究对象，发现两者具有因果型灾害链和互斥型灾害链的特征。其一，因果型灾害链指灾害链中相继发生的自然灾害风险之间有成因关系。草原雪灾风险和旱灾风险的因果型灾害链的作用机理是由受旱灾风险的影响，内蒙古有很大一部分为荒漠和半荒漠草原，牧草自然生长量非常有限，而草原旱灾风险是草原雪灾风险构成的一个重要因素，冷季降雪能否成灾与牧草生长季的旱灾风险密切关系，当牧草因旱灾风险长势低且质量差时，降雪覆盖牧草的程度越高，牲畜采食难度增加；反之，当牧草未受旱灾影响，长势高且质量较好时，降雪覆盖牧草的程度越低，放牧带来的影响越小。其二，互斥型灾害链指某一种灾害风险发生后，另一灾害风险就不再出现或者减弱的情形。草原雪灾风险和旱灾风险的互斥型灾害链的作用机理是，草原积雪融化使土壤表层相对湿度较大，且能够满足土壤蒸发时所需水分，使土壤底墒较好，有利于牧草的返青，降低春旱发生的可能性。尽管积雪有可能造成不同程度的雪灾，但积雪对于牧草的返青极为重要，对土壤水热条件也有很大影响（哈斯等，2016）。

（2）草原旱灾风险和火灾风险的相互作用机理分析。草原旱灾风险和火灾风险具有双向因果型的链式规律。旱灾风险对火灾风险的影响机理主要体现在火灾风险形成的三个条件上，分别为天气、火源和可燃物。第一，旱灾风险的发生在降水量低、气温高、相对湿度低的天气，这恰好是火灾风险发生的天气条件，在旱灾风险发生且持续的条件下，火灾风险发生的可能性增大。第二，旱灾风险影响雷击火源的发生概率，旱灾风险决定了雷击火最终能否引燃可燃物，在持续旱灾风险下，雷击火引燃可燃物的概率增大，引发火灾的概率增大。第三，旱灾风险影响可燃物的含水率，其决定了点燃草原植被的难易程度，在持续旱灾的情况下，牧草长时间接触不到水分，导致其含水率下降，加上天气干燥，空气湿度下降，草原发生火灾风险的可能性增大（任金鑫等，2013）。反之，火灾导致土壤被侵蚀，甚至裸露，土壤含水率降低，火灾排放的温室气体又加剧极端气候变化，因此，在气候极端变化的背景下气温升高、降水量减少，加上土壤水分匮乏，影响牧草生长发育，草原旱灾风险更易触发。

（3）草原旱灾风险和生物灾害风险的相互作用机理分析。草原旱灾风险和生物灾害风险具有双向因果型和同源型的链式规律。第一，严重的旱灾风险往往容易引起各种鼠害、虫害、草害等生物灾害风险（秀英，2012），具体而言，旱灾导致草原地上生物量下降、植被高度降低，地表裸露面积增加，群落结构低矮，形成了生物灾害繁衍和生存的关键条件，因此，旱灾风险是生物灾害风险的诱因。反之，当生物灾害发生时，不同类型的病虫鼠害以采食牧草为生，牧草产量降低，土壤裸露面积增大，甚至土壤结构恶化，在降水与同期持平的情况下，土壤缺水量更大，旱灾风险发生概率加大。第二，同源型灾害链指不同灾害由另外的共同因素联系起来，如天气因素（李健梅等，2020），旱灾风险和生物灾害风险的同源型链式规律的作用机理是，两者均在降水少、气候干热和相对湿度低的天气条件下发生，均有利于多种病、虫、鼠害的滋生和繁衍（侯向阳，2013）。

（4）草原旱灾风险和人为风险的相互作用机理分析。草原旱灾风险和人为风险具有双向因果型的链式规律。人为风险即过度放牧风险，随着人为风险的增加，土壤水分流失、有机质流失，甚至盐碱化，加上过量牲畜的踩踏，土壤被压实，其渗透力和蓄水能力也相应减弱，导致土壤既缺乏水分又蓄水能力弱化的矛盾局面，在降水量本就不足的草原牧区，与历史降水持平的降水量无法满足土壤缺乏的水分，抑制了牧草生长发育，增加了草原旱灾风险的发生频率及强度。反之，当草原旱灾发生时，降水量不足，气温干热导致土壤水分缺乏，造成牧草高度和盖度低，而在放牧强度不变的情况下，草场数量和质量的下降更易触发过度放牧，因此，旱灾风险也容易导致人为风险的发生。

综合上述草原风险的形成原因、致灾机理及各风险间的相互作用机理，本书绘制如图 2－3 所示的机理图。分析发现，旱灾风险是草原各种风险的关键风险，旱灾风险往往是草原上其他各种风险发生的源发灾害，严重的旱灾风险容易引起各种生物灾害风险，还会引发火灾风险等次生灾害，更为重要的是暖季严重的旱灾风险是冬季雪灾风险扩大的间接因素，此外，旱灾风险容易触发人为风险。因此，旱灾风险是草原的关键风险。分析草原各种风险形成原因发现，降水、气温、相对湿度和牲畜数量是草原各种风险发生与否的关键致灾因子，草原各种风险造成的直接损失是牧草减产或绝收，间接损失是畜牧业总体产量下降及畜牧业生产者收入损失，威胁草原畜牧业稳定持续发展。

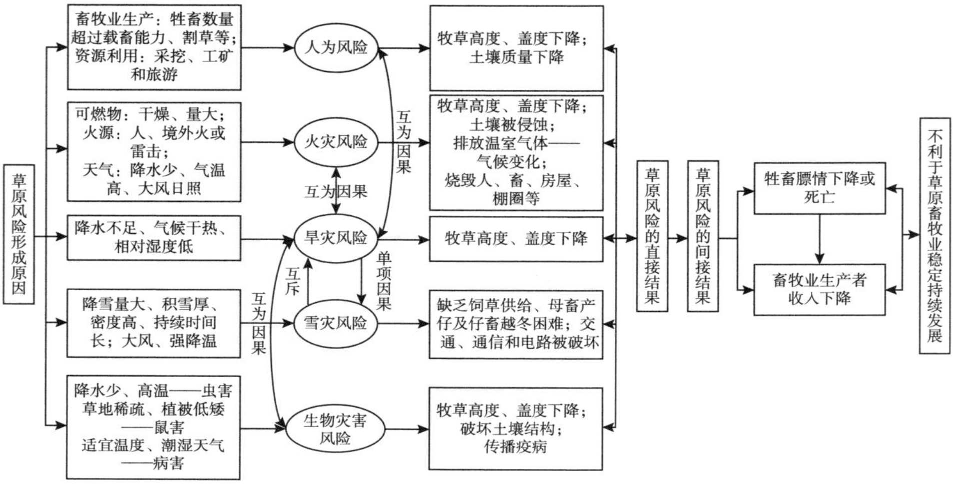

图 2－3　草原风险形成原因及致损机理

2.3.2　草原风险评估与区划框架

风险区划是以风险为基础，服务风险防范和保险经营管理及决策的区划，其核心是揭示风险的区域分异规律，科学厘定不同风险区域下的费率，从而指导区域风险防范与保险实践。草原风险区划的主要任务是通过科学的风险评估，揭示草原综合风险区域分异规律，包括致灾因子的类型组合、频率、强度等，为各政府部门和保险供给者开展草原保险提供决策依据，在此基础上，分区准确厘定风险指标，为草原保险经营主体的市场空间分布、定价和再保险等业务提供依据。目前农作物风险评估和区划理论和实证较为系统和全面，在草原风险评估与区划中可参考借鉴。中国地域辽阔，一个省的省内草原风险差异极大。因此，不进行合理风险区划后果较严重。一方面，若不进行合理的风险区划，短期内草原保险的逆向选择和道德风险增大，即高风险的被保险人常年获得较高的赔付，每年都积极投保，但低风险的被保险人常年获得较低的赔付，参保积极性不高。在长期内将会导致草原保险的有效需求不足，从而使草原保险无法长期持续性地开展下去。另一方面，对于指数保险产品来说，风险区的空间尺度越精细，基差风险发生的可能性越低（梁来存，2010；吴垠豪等，2012；王国军等，2015；牛浩等，2016；李琴英，2016；陈国荣等，2017；谢远涛等，2017 周县华，2018）。

借鉴农业保险风险评估与区划理论分析框架，草原综合风险区划的流程规范如图 2－4 所示。实施风险区划之前，要明确区划品种、灾种、区划单元、区划指标和区划等级的选择。（1）区划品种中单品种指一种作物，一类作物，如粮食作物、经济作物等，也可对所有作物进行综合区划。（2）区划灾种既可以选择单灾种，如旱灾风险、雪灾风险等，也可选择多种风险综合区划。（3）区域单元指显示区域间差异性的最小空间单元，遵循区划中与政治边界相结合的原则，一般区域单元包括省级、地市级、市县级、乡镇级。（4）风险评估是划分风险等级的依据，风险评估需要选择评估指标，构建评估模型，评估指标主要包括两类：一是风险指数，其是基于风险因子的风险评估和灾害模型指数的估计法所得的结果；二是风险度量值，其是基于风险损失的风险评估、基于风险机理的风险评估和作物生长模拟风险评估等模型所得的结果，具体指标是极值或均值。（5）区划等级包括区划等级的设置和分级算法，一般情况下，区划等级可设置为三级、四级和五级，分别代表“高、中、低风险”，“极高、高、中、低”和“极高、高、中、低、极低”。

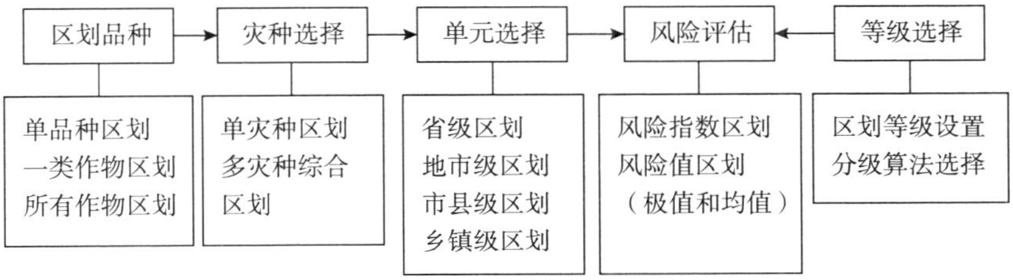

图 2－4 草原风险区划流程

［资料来源：该图依据张峭（2013）和史培军（2017）修改绘制］

2.3.3 草原保险精细化费率厘定

不同保险产品类型的费率厘定有所不同，损失补偿型保险产品以实际受损情况作为费率厘定依据，指数型保险产品以客观指数作为费率厘定基础，在客观标准下开发的指数型保险产品具有更高的科学性和合理性，能够在一定程度上解决传统保险产品经营管理难问题、降低道德风险和逆向选择风险、降低经营成本、易于流通和再保险（李勇权，2021）。然而，开发技术复杂、指数设计难、费率厘定困难、基差风险难以消除等问题也是阻碍指数保险产品发展的重要因素。

首先，指数和标的选择是指数保险费率厘定的关键环节，指数和标的的选择的好坏决定了指数保险的成败，这是因为指数和标的是相互关联的两个部分，指数和标的相关程度直接影响基差风险的大小，间接影响保险的实施效果等。指数的设计需要解决两大难点：一是需要选择公开、透明、客观的指数；二是满足指数与保险标的之间强相关性的要求。其次，确定赔付方式，一般而言，指数是一个客观存在的指标，需要对其进行一定的处理以保证指数与标的之间强相关性，降低基差风险。指数保险常用的三种赔付方式有固定赔付、变动赔付和混合赔付，其中固定赔付指预设单一或多级触发指数，根据实际指数高于或低于不同级别触发指数来分别设置不同的赔付；变动赔付是根据实际需要制定触发指数，但当实际指数高于或低于触发指数时，根据实际指数与触发指数间的差值，以一定的函数计算出实际赔付。其中，按照差值的计算方式不同，变动赔付又可以分为差额式赔付和比例式赔付。差额式赔付是根据实际值与预期值的比值和保障水平参数之间的差额进行赔付，比例式赔付是保险人得到的赔付为损失的一个比例；混合赔付是将固定赔付和变动赔付相结合的方式（李勇权，2021；肖宇谷，2020；Xiao Yugu and Yao Jing，2019）。最后，与传统型保险相同，指数保险费率厘定利用历史数据确定适宜的赔付率，因此，传统保险的纯保费法和损失率法在指数保险费率厘定中依然适用。此外，对于指数保险而言，可以通过致灾因子对赔付率进行预测来进行费率厘定，常用的两个方法是燃烧分析法和指数模型法。燃烧分析法是基于历史赔付经验，计算得出赔付现值的均值和方差，并拟合出赔付概率的概率分布的一种从时间序列上考虑的均值求保费法，其基本假设是未来损失分布与过去损失的经验分布一致。指数模型法是通过对未来指数变动情况的估计，考虑现有赔付方法下的费率，其是利用指数体系分析各影响因素变动对总指数的影响方向和程度，以及各因素对总指标的影响数额的费率厘定方法。指数模型法的计算步骤是，首先分析致灾因子对历史赔付或损失的影响，其次对致灾因子历史变化进行分析，最后对未来赔付进行预测。指数模型法确定赔付方法常用的三种方法是解析法、蒙特卡罗模拟法和数值积分法（李勇权，2021；李亚茹等，2018；储小俊和曹杰，2015；栾存存，2001）。对比燃烧分析法和指数模型法发现，燃烧分析法直接对历史赔付经验数据进行处理，而不是对致灾因子进行分析，这样会忽略指数的部分信息，导致期望损失和实际损失背离，可能会导致严重的基差风险，此外，燃烧分析法不利于对阈值的调整，因此，在数据量支持的情况下，应尽可能地使用指数模型法，其更适用于新保险的设计（李勇权，2021）。

2.3.4 研究分析框架图

草原保险是集农业保险和生态保险特征于一体的综合类的保险产品，其实现的目标也是生态保险和农业保险的双重目标，分别是保护生态安全和保障草原畜牧业收入。本书的研究目的是探讨如何避免现行农业保险出现的诸多问题，来设计草原保险制度及合约，其中解决的最关键问题是如何精细化厘定草原保险费率，具体而言，从草原风险分异规律角度出发，确定不同风险水平的风险区；从草原及其风险特点角度出发，选择适宜的保险产品类型和指数；从保险人和被保险人的角度出发，基于保险人成本最小化目标和被保险人效用最大化的目标，厘定草原保险最优费率。基于以上理论分析及本研究的目标，绘制如图 2－5 所示的研究分析框架图。本书依据草原风险形成理论、草原风险管理理论、草原保险理论和草原保险精算理论，根据草原风险管理流程，逐步进行草原风险形成及致损机理、草原风险评估与区划、草原保险产品类型选择、指数确定及保险费率分区的研究。

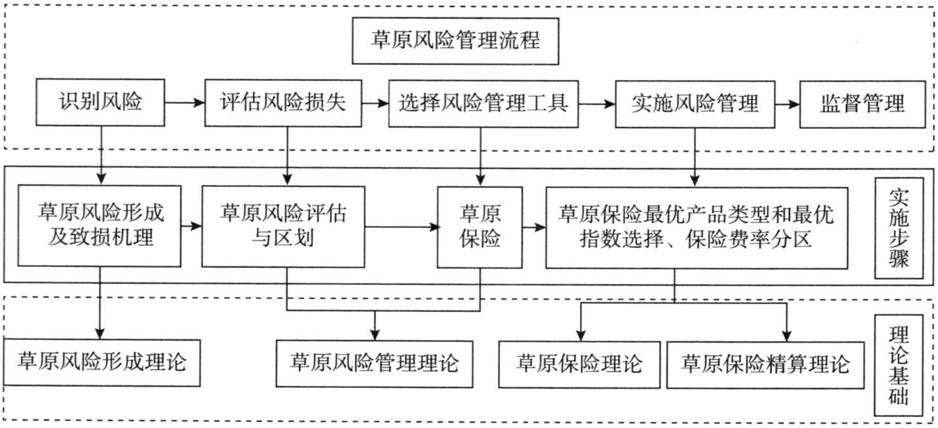
草原风险管理流程
识别风险
评估风险损失
选择风险管理工具
实施风险管理
监督管理
草原风险形成及致损机理
草原风险评估与区划
草原保险
草原保险最优产品类型和最优指数选择、保险费率分区
实施步骤
草原风险形成理论
草原风险管理理论
草原保险理论
草原保险精算理论
理论基础

图 2-5　研究分析框架

3　国内外草原保险发展现状

中国是世界上草地资源最丰富的国家之一，居世界第二位，其中天然草地总面积近 4 亿公顷，占全国土地总面积的 41.7%，为现有耕地面积的 3 倍。草地既是重要的国家生态安全屏障，也是现代畜牧业发展的重要资源。但是，自然灾害频发已严重威胁草地生态安全和草地畜牧业的可持续发展。很多国家将草地保险作为草地灾害风险管理的重要手段，截至 2018 年，实施草地保险的国家有美国、加拿大、法国、德国、瑞士、西班牙和奥地利等。中国自 2007 实施农业保险政策以来，农业保险规模快速增长，截至 2020 年，中国农业保险已覆盖 160 种主要农畜产品，保费收入达 815 亿元，成为世界农业保险第一大国。但是，中国政策性草地保险还处于起步阶段。草地是重要的生态资产，要实现草地生态保护，健全生态保护补偿机制，需要保险的跟进和配合。2019 年财政部等四部门联合颁发的《关于加快农业保险高质量发展的指导意见》中明确提出，要发展草原保险，研究制定草原保险示范性条款，完善草地保险制度。

国外学者总结了 12 个国家不同草地保险产品的类型的现状、特点、运行机制及未来发展的可能性，发现在目前草地保险产品类型中，气象指数保险占据的市场份额最大，遥感指数保险居于第二位，产量保险的市场份额最低，并提出草地保险产品类型需结合气象指数和遥感指数，双触发进行保险赔付的建议。草地保险合约设计的科学性是国外学者关注的内容，如 Goodrich 等（2020）详细分析了美国降雨指数保险问题，研究发现，1～12 月费率厘定不合理，导致了生产者的逆向选择问题。Lee 和 Nadolnyak（2012）比较了美国草地保险在指数条件下的费率及非此条件下的费率，研究显示，在合同年初，气候预测下的降雨指数可更好地改善现有的保险条款，但是此指数在年末并不适用，其预测的结果与降雨分布无关。

中国于 2015 年 11 月在四川省开展了首例草地保险，随后在内蒙古赤峰市、鄂尔多斯市和呼伦贝尔市等地试点实施草地保险，但以商业性草地保险为主。直到2020年，全国首例政策性草地保险在内蒙古自治区巴彦淖尔市乌拉特后旗试点，2021年扩展到内蒙古8个盟市13个旗县。随着草地保险的逐步实施，中国学者开始关注特定区域的草地风险区划及纯费率厘定问题，指出“草地指数保险是比传统赔偿保险更加科学的草地保险产品”，应综合应用遥感数据、无人机补充数据和微观的牧户调查数据，分析产量、气象、遥感和经济数据间的关系，科学设计指数保险的触发机制。我国草地保险发展起步较晚，基础薄弱，经验相对不足，应积极借鉴不同国家的经验和做法，完善中国草地保险制度。

美国是全球草地保险发展历史较长、指数保险保障机制较为完善的国家。本章在梳理中国草地保险发展现状和存在的问题的基础上，总结美国草地保险特征及发展成效，分析美国草地保险中市场份额最大的草地指数保险运行机制，总结美国草地指数保险产品合约设计的关键环节。本章的主要贡献在于：一是相较于前人的成果，本章对美国草地指数的特征及合约内容介绍得更为全面和具体，可为中国草地指数保险的发展提供更加有效的借鉴。二是本章基于中国现行政策性草地保险制度，结合美国草地指数的特征，提出了中国草地保险可持续发展需解决的几个关键问题，对构建完善中国草地保险保障机制、设计科学的草地保险合约有重要的参考价值和决策支持。

3.1 中国政策性草地保险的发展现状

中国自2020年8月启动首单政策性草地保险，在内蒙古巴彦淖尔市乌拉特后旗各琦苏木巴拉乌拉嘎查承保70余户牧民的143万亩草地，累计提供风险保障额度2851.52万元。2021年，内蒙古计划财政保费补贴4000多万元，拟对3798万亩草地面积提供保险，其中禁牧区120万亩，草畜平衡区3677.88万亩[①]。

① 资料来源：内蒙古自治区财政厅、林业和草原局《关于开展草原保险试点工作的通知》（内财金〔2021〕628号）。

3.1.1 中国政策性草地保险的主要特征

（1）多机构协作的运营模式。中国草地保险按照“政府+承保机构+数据支持部门”三方协作的模式运营，其中，政府（财政及林草）部门负责保险方案的制订、保费补贴资金供给、运营机构招标和监督管理。各中标保险机构负责宣传展业及承保理赔；气象部门和草地监测部门提供数据支持，其中气象部门负责连续监测投保区域气象干旱和土壤水分变化情况，草地监测部门负责地面定点观测、流动调查和遥感监测植被覆盖度变化情况。两家机构协同进行旱灾等级的综合评估，向承保机构和政府提供旱灾评估报告。

（2）以保障草地生态功能为目标。政策性草地保险以“草地有效保护、生态持续向好、牧民得到实惠”为目标来构建保险保障体系，以“低保障、广覆盖”原则进行承保。

（3）不同使用目的草地投保主体和财政补贴不同。从保险标的来看，草地保险划分为禁牧区和草畜平衡区两类，禁牧区的投保主体为旗县区级林业和草地主管部门，政府补贴100%保费，其中自治区财政补贴90%，盟市旗县补贴10%；草畜平衡区的投保主体为牧民，财政的保费补贴比例为80%，其中自治区财政补贴50%，盟市财政补贴20%，旗县财政补贴10%，牧民自交20%。

（4）所有区域的保险责任和保险费率一致。该政策性草地保险的保险责任是旱灾、火灾、病虫鼠害和沙尘暴灾害。所有实施区域实行5%的统一费率。

（5）按草地类型设置了不同的保障水平和赔付标准。根据温性草甸草地、温性典型草地和温性荒漠三类草地的生态恢复成本不同，设置了不同的保险金额，其中温性草甸草地40元/亩，温性典型草地30元/亩，温性荒漠草地20元/亩。而不同类型草地的单位保费不同，面临不同灾害的赔付标准也有差异（见表3-1）。

表3-1　2021年草地保险条款

保险条款	具体内容	
保险标的	禁牧区草地	草畜平衡区草地

续表

保险条款	具体内容		
投保人	旗县区级林业和草地主管部门	草地实际经营者	
保费补贴	财政100%补贴：其中盟市旗县补贴10%	财政补贴80%：其中自治区补贴50%，盟市补贴20%，旗县区补贴10%；草地经营者20%	
保险责任	旱灾、火灾、病虫鼠害、沙尘暴灾害		
保险金额（元/亩）	温性草甸草地	温性典型草地	温性荒漠草地
	40	30	20
保费（元）	2	1.5	1
费率（%）	5	5	5
保险期间	旱灾6个月；火灾5个月；病虫鼠害和沙尘暴灾害1年		
赔付标准	比例式赔付：旱灾（20%～60%～100%），病虫害（20%～50%～80%），沙尘暴（20%～40%～100%）； 差额式赔付：火灾，草地过火面积		

资料来源：根据《关于开展草原保险试点工作的通知》（内财金〔2021〕628号）整理所得。

（6）指数和实际损失相结合的赔付机制。政策性草地保险以嘎查为单位进行理赔，旱灾赔付以降水量指数为主，遥感监测和实际测产为辅，两者相结合确定最终赔付。火灾、病虫鼠害和沙尘暴灾害赔付与传统产量损失类保险相同，需查勘定损确定的损失程度，再根据事先确定的赔付标准进行赔付。

3.1.2 中国政策性草地保险持续发展需解决的关键问题

中国政策性草地保险刚刚起步，现行实施方案还需进一步科学化、精准化。主要包括：第一，实施草地风险区划和差异性费率。草地面积大，不同草地类型、不同经营情况的风险差异大，整个承保区使用统一费率，可能使风险和费率不对等，导致道德风险和逆向选择。第二，丰富产品类型，实施差异化的保障水平。现有方案只提供单一的保险产品，且保障水平只设置了一个档次，单一的保险产品与丰富的草地资源不相匹配。第三，科学设置保险保障功能和灾害类型。现行的草地保险仅保障草地的生态功能，然而，草地具有生态保障和稳定生产两大主要功能，政策性草地保险若仅考虑草地的生态功能，忽略其生产功能，长期来说难以平衡经济发展和生态保护之间的关系。政策性草地保险承保的灾害包含沙尘暴灾害，但事实上，沙尘暴对草地生态本身的影响并不大，更多的是对牧民或城市居民的生产生活造成影响。第四，构建合理的理赔机制。现行的草地保险，除旱灾外，其他灾害的理赔还是以传统的损失程度作为触发理赔的条件。而在草地上，无论是病虫鼠害还是火灾，灾害实际损失的查勘定损都面临巨大挑战。承保机构很难在短时间内，在大范围的草地上进行查勘定损，即使完成了查勘定损，其准确性也很难得到牧民、政府的认可。

3.2　美国草地保险发展成效及特征

3.2.1　指数类保险逐渐成为美国草地保险的主要产品

美国自1989年开始试点实施草地保险，目前已在全美48个州实施了包括多年生牧场（Pasture）、天然放牧场（Rangeland）、饲料（Forage）、饲料种子（Forage Seeding）及牧草种子（Grass Seed）五类草地资源的草地保险，基本覆盖了全美所有的草地资源。截至2018年，累计保费收入34亿美元，其中，2007年保费收入0.017亿美元，2018年保费收入5.9亿美元，十年间草地保险的规模增加了340余倍。美国草地保险规模的扩张，得益于其丰富的产品类型，美国草地保险包括产量类、收入类和指数类三大类十种针对不同草地资源的保险产品（见表3－2）。

表3－2　美国草地保险产品类型

保险产品类型	保险产品
区域产量保险	饲料区域产量保险（AYP－Forage Production）
	补偿型饲料区域产量保险（SCO－YP－Forage Production）
团体产量保险	饲料团体保险（GRP－Forage Production）
	牧场团体保险（GRP－Rangeland）
历史产量保险	饲料历史产量保险（APH－Forage Production）
	牧草种子历史产量保险（APH－Grass seed）
收入保险	饲料种子收入保险（DO－Forage seeding）

续表

保险产品类型	保险产品
气象指数保险	一年生饲草料降雨指数保险（RI－AF）
	牧场和饲料降雨指数保险（RI－PRF）
遥感指数保险	牧场和饲料植被覆盖指数保险（VI－PRF）

资料来源：根据 RMA，Summary of Business 公开的草地保险数据整理。

在众多的草地保险产品中，不同时期各类产品的市场份额不同。如图3－1所示，截至2016年，产量类保险的保费收入占草地保险总保费收入的比重最大。但是近年来指数类保险的保费收入不断提高，到2018年一年生饲草料降雨指数保险（RI－AF）、牧场和饲料降雨指数保险（RI－PRF）及牧场和饲料植被覆盖指数保险（VI－PRF）三种草地指数保险的总保费收入为5.57亿美元，比2007年的0.71亿美元增加了6.8倍，指数类保险产品的市场份额占比达到95%。

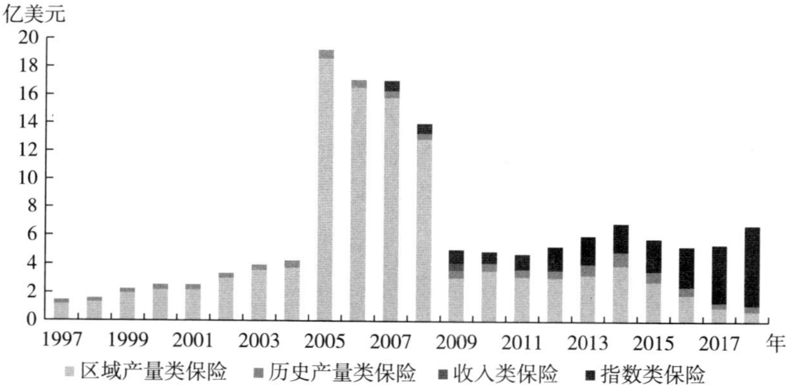

图3－1　1997—2018年美国不同类型草地保险保费收入分布

（资料来源：根据 RMA，Summary of Business 公开的草地保险数据整理）

3.2.2　美国草地指数保险发展成效

（1）覆盖区域不断增加。美国草地指数保险覆盖范围呈逐年扩大趋势。从覆盖区域来看，牧场和饲料降雨指数保险（RI－PRF）覆盖区域最广，2018年已覆盖48个州。一年生饲草料降雨指数保险（RI－AF）覆盖全美8个州，分别为科罗拉多州、堪萨斯州、内布拉斯加州、新墨西哥州、北达科他州、俄克拉荷马州、南达科他州和得克萨斯州。除少数区域外，RI－PRF和RI－AF基本覆盖全美各州（见图3－2）。随着保险覆盖区域的不断增加，参保者数量也在增加，草地指数保险的参保者已从2007年的9711户增加到2018年的36349户，增加了2.74倍。

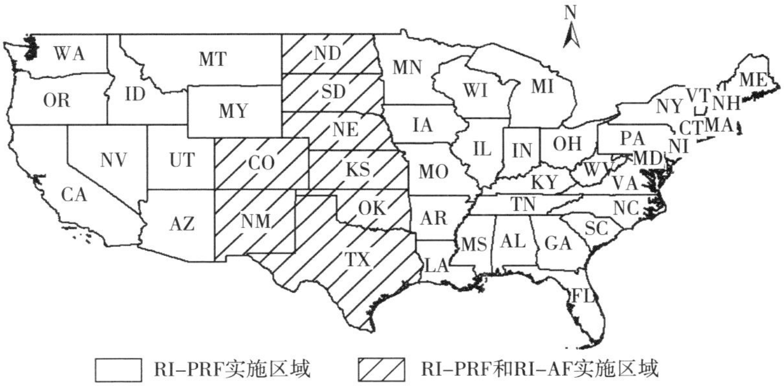

图3－2　2018年美国草地指数保险覆盖区域

（资料来源：根据RMA，Summary of Business公开数据整理）

（2）参保面积不断扩大。2007—2018年，美国草地指数保险累计参保面积6.01亿英亩，2007年参保面积为0.28亿英亩，2018年参保面积为0.99亿英亩，2018年较2007年增加了2.54倍，年均增长率为10.9%。其中，在RI－PRF市场，2007年参保面积为0.25亿英亩，2018年参保面积为0.98亿英亩，年均增长率为12.3%；在VI－PRF市场，2007参保面积为0.04亿英亩，到2015年参保面积为0.07亿英亩，年均增长率为6%，2016年VI－PRF退出草地保险市场。RI－AF于2014年开始实施，2014年其参保面积是0.002亿英亩，2018年增加至0.006亿英亩，较2014年增加了2倍（见图3－3）。

（3）保费收入快速增长。美国草地指数保险市场规模日益扩大。从保费收入来看，2007—2018年，草地指数保险累计保费收入为24.78亿美元，与2007年相比，2018年保费收入由0.71亿美元增加至5.57亿美元，增长了6.85倍（见图3－4）。在快速增长的保费收入规模中，RI－PRF的保费收入

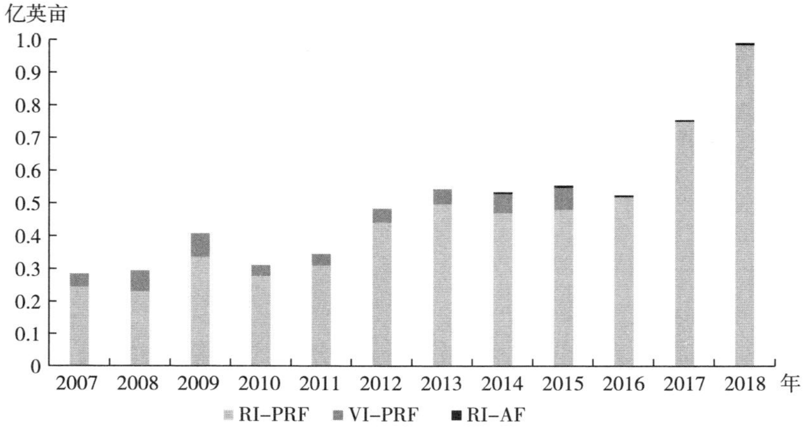

图 3-3 2007—2018 年草地指数保险参保面积及增长率

（资料来源：根据 RMA，Summary of Business 公开资料整理）

规模最大，增速最快，2018 年 RI-PRF 的保费收入占草地指数保险总保费收入的 93.1%，RI-AF 和 VI-PRF 保费收入占比分别居于第二、第三位。

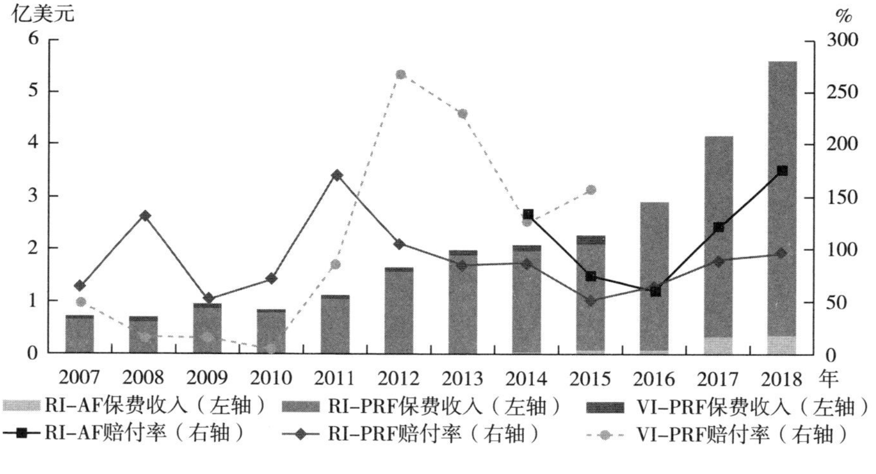

图 3-4 2007—2018 年草地指数保险产品保费收入及赔付率情况

（资料来源：根据 RMA，Summary of Business 公开数据整理）

（4）风险保障能力不断提升。2007—2018 年，美国草地指数保险已累计提供了 119 亿美元的风险保障，现已成为美国风险管理局（RMA）的第九大保险产品。从赔付支出来看，2007—2018 年，草地指数保险累计赔付支出 22.19 亿美元，平均赔付率为 89.6%，其中，RI – AF 的平均赔付率最高（113%）（见图 3 –4）。

3.2.3 美国草地指数保险制度的主要特征

（1）职责明确，多机构协作的运营模式。美国草地指数保险由美国联邦政府部门、私营保险部门及数据提供部门三方协作配合运营。美国联邦政府下设的风险管理局（RMA）负责管理和决定保险产品和费率厘定，提供保费、管理费用及再保险补贴。私营保险部门由保险公司和代理人两部分组成，保险公司通过代理人经营保险，保险代理人直接向畜牧业生产者提供承保服务，其中，经 RMA 认证的 14 家保险公司可提供草地指数保险产品。数据提供部门包括国家海洋和大气管理局气候预测中心（National Oceanic and Atmospheric Administration Climate Prediction Center，NOAA CPC）及美国地理调查中心（U. S. Geological Survey）地球资源观测卫星（Earth Resource Observation Satellite，EROS），这些机构提供数据（气象数据和遥感数据）并参与指数设计（见图 3 –5）。上述各机构职责明确，协作运营。NOAA CPC 和 EROS 确保了数据的准确性，RMA 保证了保险合约设计的科学性和补贴资金利用的高效性，私营保险部门的竞争化经营保证了承保和理赔服务的质量。

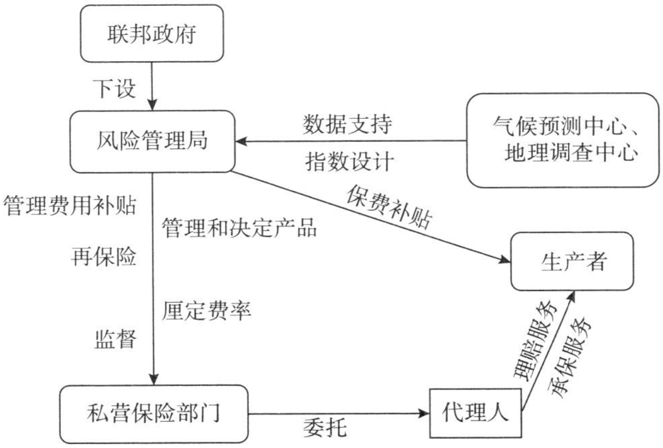

图 3 –5 美国草地指数保险组织架构

（2）多层次的联邦政府补贴机制。联邦政府为畜牧业生产者提供保费补贴，为私营保险公司提供经营管理费用补贴。从保费补贴金额来看，2007—2018 年，草地指数保险保费补贴金额由 0.41 亿美元增加到 2.98 亿美元，增加了 6.3 倍，其中，RI - AF 保费补贴的年均增长率最高，约为 48%，RI - PRF 和 VI - PRF 的年均增长率分别为 18% 和 9%（见表 3 - 3）。美国草地指数保险实施差异化的保费补贴比例，随着保障水平的提高，该比例从 59% 下降至 51%（见表 3 - 4）；不同保险期间内的保费补贴也不同，按照生产者可选择的 11 个投保期间，以 90% 保障水平为例，每单位保障水平下的平均保费补贴率呈现出生长季（6 ~ 8 月）补贴率低，非生长季补贴率高的趋势（见图 3 - 6）。

表 3 - 3　　2007—2018 年草地指数保险保费补贴金额变化

年份	RI - PRF（亿美元）	VI - PRF（亿美元）	RI - AF（亿美元）
2007	0.37	0.04	—
2008	0.36	0.05	—
2009	0.46	0.04	—
2010	0.42	0.02	—
2011	0.57	0.03	—
2012	0.85	0.04	—
2013	1.01	0.05	—
2014	1.01	0.06	0.03
2015	1.07	0.08	0.05
2016	1.51	—	0.04
2017	2.03	—	0.17
2018	2.78	—	0.19
年均增长率（%）	18.18	8.64	47.96

注："—"表示该保险未实施或已退出市场。

资料来源：根据 RMA，Summary of Business 公开数据整理。

表 3 - 4　　不同保障水平下保费补贴比例

保障水平（%）	保费补贴比例（%）
70	59
75	59

续表

保障水平（%）	保费补贴比例（%）
80	55
85	55
90	51

资料来源：根据 RMA 中 RI－PRF 保险手册整理。

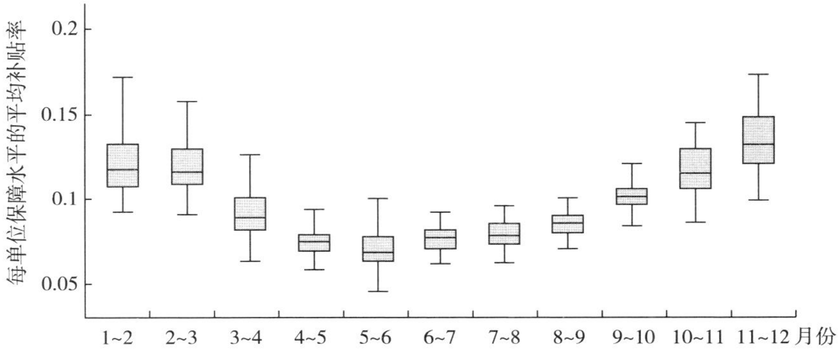

图 3－6　90%保障水平下放牧场的平均保费补贴率

［资料来源：Brittney et al. （2020）］

（3）科学精准的草地风险区划。美国的草地指数保险以“网格”的形式划分了不同的风险等级。网格（Grid）是 NOAA CPC 和 EROS 根据经纬度设计的风险区域，不同指数产品的网格大小不同，降雨指数的网格为“0.25 经度×0.25 纬度”，折合距离约为“27km×27km”的网格，植被覆盖指数为“8km×8km”的网格。

特定网格区域内的风险值是根据致灾因子危险性和承灾体脆弱性进行评估的。其中，致灾因子的危险性利用气象指数或遥感指数评估，承灾体的脆弱性根据草地的使用目的（intended use）、灌溉措施（irrigation practice）和有机实践（organic practice）等草地的经营情况来评估。

在网格化的风险区划下，为了准确识别投保区域的风险差异，将投保地块准确记录在网格内，即标记参考点（Point of Reference）[①]。在投保前，生产者需确定草地在网格上的分布情况，将投保的草地标记到特定网格内。以两块地投保为例，若两块地连续，经营情况相同，分布在一个网格则标记一个参考点，分布在两个网格则标记两个参考点。两块地连续但经营情况不同，需标记出两个参考点。若两块地不连续，在不同经营情况下需标记出两个或多个参考点（见表3－5）。

表3－5　　　　不同地块状态下网格ID的选择

地块连续情况	地块使用目的、灌溉和有机实践情况	选择网格分布	网格ID参考点的标记
两块连续[①]	经营情况相同	两块地分布在一个网格	标记一个参考点
		两块地分布在两个网格	标记两个参考点
	经营情况不同	两块地分布在一个网格	标记两个参考点
		两块地分布在两个网格	
两块不连续[②]	经营情况相同	两块地分布在一个网格	标记两个参考点
		两块地分布在两个网格	
	经营情况不同	两块地分布在一个网格	标记多个参考点
		两块地分布在两个网格	

注：①两块连续时，考虑到不同地块和不同经营情况，也可能出现3～4个参考点。

②此处不连续的定义与传统认知不同，同一块地理上连续的地块，被网格线分开也称为不连续。

资料来源：根据RMA中的RI－PRF保险手册整理。

（4）基于时间序列数据并进行多级筛查的指数设计。美国草地指数保险的指数设计科学精准。首先，草地指数设计所使用的数据时间序列至少在30年以上。降雨指数是由NOAA CPC提供的1948年以来的降水量得到，植被指数是由美国地理调查中心地球资源观测卫星（EROS）提供1989年至今的归一化植被指数（Normalized Difference Vegetation Index，NDVI），足够长的时间序列可以观测到更多偶然的巨大损失事件，能够在很大程度上提高指数设计的合理性。其次，设计草地指数的数据经过多级筛查，保障了数据的可信度。数据会经过三层检查：第一层是重复站检查（duplicate

① 参考点是投保人对被保险区域进行投保的位置点，必须在RMA网站上标记出来。可能同一地块会被标记两次，网格参考点是在地图中标出的相同或不同网格代码的点。

station check)，主要是为了消除重复值和关键遗漏错误；第二层是临近检查（buddy check），目的是消除数据库的极端值；第三层是标准差检查（standard deviation check），主要是将每日降雨测量数据与网格点值对比。最后，基于网格的设计指数使指数的空间尺度小，可在一定程度上降低指数保险的基差风险。此外，RMA 运用最优插值法（Optimal Interpolation Methodology）[①] 进行数据的空间处理，以提高指数在空间尺度上的精确度。

预期网格指数（Expected Grid Index，EGI）和最终网格指数（Final Grid Index，FGI）是指数设计的关键，由 RMA 联合 CPC 或 EROS 共同设计。由于数据来源不同，降雨指数和植被指数的计算方式有所差异。降雨指数的预期网格指数计算从 1948 年至投保年度前两年的网格内插值的降雨数据的平均值，用百分比表示，当期实际插值的降雨数据为最终网格指数，用百分比表示，100% 表示平均降雨量（预期降雨量，EGI），“<100%”表示低于 EGI，“>100%”表示高于 EGI。植被指数根据 NDVI 数据计算，NDVI 是卫星图像上所反映的地面所有生物体的光合生物量密度的指数，可反映的生物体包括中耕作物、灌溉作物、树木和杂草等。根据 NDVI 数据确定同一时期、同一网格内的长期历史平均值，从而确定预期网格指数，实际 NDVI 值为最终网格指数。

（5）可供生产者进行多种选择的保障水平。RMA 在设计多种保障水平草地指数保险产品的同时，增设了生产力要素的选项，考虑了多种类型生产者的生产能力。美国草地指数保险的保障水平由三部分构成：一是保险金额，根据不同县计算出每亩牧草产量的价值，即县基准（County Base Values，CBVs）。二是生产者可选的保障水平，为 70% 至 90% 不等，以 5% 递增（见表 3－4）；三是生产力要素（Productivity Factor）[②]。RMA 使用生产能力指标（CBV）[③] 来提高保障水平。若生产者选择最高保障水平（90%）后，仍认为保障水平低，可依据自身情况选择 60% ~150% 的生产

① 最优插值法是基于空间中距离接近的物体通常比那些相距较远的物体更相似的原则，搜索网格半径内最近的四个报告站的数据进行插值计算。

② 生产力要素是生产者可选择最能代表其土地生产能力和生产价值的指标，一般用提高县基准的方法来衡量生产力要素，县基准在 60% ~150% 范围内可选，且增量为 1%。

③ 生产能力指标（CBV）是美国农业风险管理局精算出的每个县的县基准的百分比。

能力指标，一般而言，若生产者认为县基准过低，则选择 100% 以上的生产能力指标，若生产者认为县基准太高，则选择 100% 以下的生产能力指标。

3.2.4 美国草地指数保险合约设计的精准化

（1）以月度区间为单位选择保险期间。草地指数保险的保险期间由两个及以上指数区间构成，不同草地指数保险对指数区间的设计有所不同。在 RI－PRF 中，两个连续月为一个指数区间（如 1～2 月、2～3 月，以此类推），一个合同期共有 11 个指数区间；在 RI－AF 中，保险期间是从 9 月 1 日至次年的 11 月 30 日，生产者可根据生长季（Growing season）选择指数区间，其中，生长季分为四个，生长季 1 是 9 月至次年 3 月[①]，生长季 2 是 2 月至 6 月，生长季 3 是 3 月至 9 月，生长季 4 是 6 月至 11 月；在 VI－PRF 中，三个月为一个指数区间，全年共有 10 个指数区间，例如，1～3 月，2～4 月等，以此类推。在 RI－PRF 和 RI－AF 中，生产者在选择指数区间时，可以浏览历史指数区间及个人历史生产记录，找出与自身生产情况相关度最大的几个指数区间，RMA 会提供决策支持工具（decision support tools）、网格定位（Grid ID Locator）和历史指数工具（historical indices tool），帮助生产者选择适宜的指数区间。与前两者不同，在 VI－PRF 中，投保人选择的指数区间需考虑地块内多年内的生物质量变化，具体包括作物类型、地理位置、海拔、生物质量，以及在正常情况下，生长最需要营养的时间段，RMA 会提供过去多年的参考指标，方便生产者选择。

（2）不同网格、不同指数区间下的差异化费率。RMA 根据每个网格的风险度量值计算预期损失率，从而厘定网格化的费率，因此，投保地块所处的网格不同，费率不同。同时，当每个指数区间的预期损失变化时，费率随之变化，以 RI－PRF 为例，在 90% 保障水平下放牧场的平均费率呈现生长季的费率低，非生长季费率高的趋势（见图 3－7）。

生产者可根据不同网格、不同指数区间的费率和保费补贴比例确定自

① 与 RI－PRF 相同，每两个月为一个指数区间，例如 9～10、10～11 等，只是一年生饲草料降雨指数保险加入了作物生长季，不同生长季下的费率有所差异。

交保费，其计算公式为：

某网格 ID 某指数区间的保费 = 该网格 ID 某指数区间保险金额 × 该网格 ID 某指数区间的费率 ×（1 – 某保障水平下的保费补贴比例）

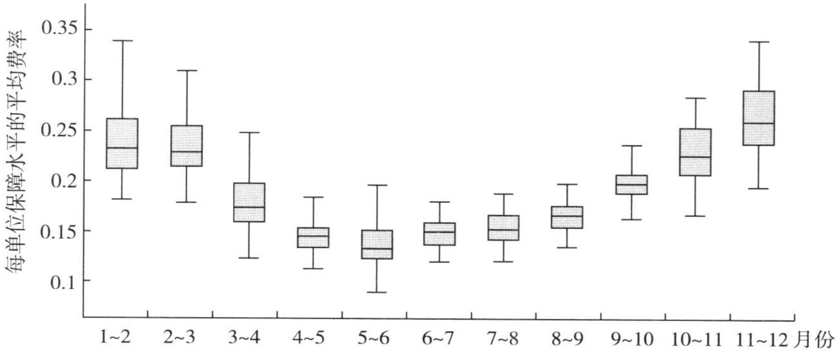

图 3 – 7 90%保障水平放牧场的平均费率

［资料来源：Brittney et al.（2020）］

（3）以指数确定最终赔付。草地指数保险的最终赔付只与事先设定的指数有关，不与作物实际损失挂钩。事先设定的指数包括预期网格指数（EGI）、最终网格指数（FGI）、触发网格指数（Trigger Grid Index，TGI）和赔付计算指数（Payment Calculation Factor，PCF），前两个指数上文已介绍，不再赘述。后两个指数的计算如下：

触发网格指数（TGI）= 预期网格指数（EGI）× 保障水平（生产者自选）

赔付计算指数（PCF）=（TGI – FGI）/TGI

触发网格指数（TGI）受 EGI 和生产者自选的保障水平影响。赔付计算指数（PCF）由 TGI 和 FGI 共同作用。当投保的某指数区间的 FGI 小于 TGI 时，触发赔付。RMA 将会在保险期间结束后两个月内公布 FGI，以按期赔付。根据投保人的保险金额，确定最终赔付金额，计算公式如下：

某网格 ID 某指数区间保险金额 = 单位保险金额（CBVs）× 投保面积 × 分成 × 价值比

某网格 ID 某指数区间赔付金额 = 网格 ID 和指数区间保险金额 × 赔付计算指数（PCF）

（4）可保利益随草地产权而变。生产者对草地的所有权和经营权决定了投保主体和保险受益人，即实行可保利益原则。草地所有权和经营权不同，投保时的可保利益不同，投保者的分成有差异。当草地所有权属于个人时，若经营权未转让，则草地所有者可按照100%分成进行投保；若经营权发生转让，则按照所有者和经营者各自经营的比例进行投保。当所有权属于国家时，若生产者租赁国有草地饲养牲畜，则每个租赁者按照其个人饲养的牲畜数量与总牲畜数量的比值计算分成来投保；若生产者租赁国有草地收获牧草，所有租赁者都有资格购买保险，每个租赁者的分成由其自行决定，但所有租赁者分成之和必须为100%。

3.3 美国草地保险制度对中国草地保险可持续发展的启示

美国草地保险制度具有产品种类齐全、运行机制较为完善、风险区划精细、合约设计科学的特点，这些特点也是我国草地保险制度建设的目标，因此，借鉴发达国家的草地保险制度，中国草地保险在建立初期，需关注以下几个关键问题。

3.3.1 充分发挥政府主导性作用

政府除了提供补贴资金外，更为重要的作用是在草地保险条款制定、实施协同、监督管理方面真正发挥主导作用。草地是重要的生态资产，具有调节气候和维持生态平衡的重要作用，政府部门从有效保护生物资产价值的战略高度，充分发挥保险这种市场化的风险管理工具的作用，在保障畜牧业生产发展的同时也保护生态环境。

在财政资金补贴方式上，借鉴美国的经验，对草地保险实施多元化的补贴，将保费补贴与管理费用补贴相结合，在进行保费补贴的同时对管理费用单独补贴。此外，差异化补贴不同保障水平下的保费，例如，美国草地保险随着保障水平的提高保费补贴比例从59%下降至51%。

3.3.2 建立多源数据融合的草地保险信息平台

保险最重要的是费率厘定，公平的精算费率需基于良好的数据支持，从美国草地保险的特点可以看出，建立健全草地风险管理信息系统是关键。首先，信息系统的建立需整合多源数据，包括地理信息数据、气象数据、社会经济数据、灾害数据、承保理赔数据、巨灾损失数据和遥感数据等。同时，收集参保者信息也很重要，美国草地保险在投保人的参保资格中特别强调需要报告地块相关的详细信息。其次，数据质量和时间序列长度也关系到费率的准确性。中国草地相关数据的质量参差不齐，数据的时间序列长度不足 30 年，远低于美国 70 年以上的时间序列长度。更具挑战的是大量数据分散在不同机构，且数据标准不统一，数据整合难度大。多源数据融合的信息平台是我国草地指数保险制度建设的关键。

3.3.3 构建草地风险区划地图，建立科学的费率动态调整机制

风险区划是有效开展草地保险的前提，是准确厘定费率和实现“一致性”“公平性”原则的重要基础，是创新保险产品和降低保险运营成本的技术支撑，对于草地保险持续稳定发展具有重要意义。区划方式由数据及技术条件共同决定，美国草地指数保险基于网格化的数据进行风险区划和费率厘定，网格面积小，可降低指数保险的基差风险，同时可避免道德风险和逆向选择，减少交易费用。因此，根据草地类型、地块情况、生产者经营管理方式等的风险差异，建立草地风险区划及相应的动态费率厘定机制是中国草地保险健康发展的必然选择。

3.3.4 精细化设计草地保险合约

（1）选定指数型保险产品设计合约。中国草地面积居于世界第二位，与发达国家相比，草牧业规模化程度偏低，若使用产量类保险，承保理赔和查勘定损的费用高，且历史产量数据不足，不支持精算产量类保险的费率；若使用收入类保险，中国草地经营细碎化，经营主体类型和经营方式多样化，难以建立统一化的草地价值评估体系，则收入类保险的保险金额和费率无法厘定。根据美国、加拿大等发达国家的发展草地保险的经验，

在历史经验数据不足以支撑费率厘定的前提下，首选指数类保险来设计合约，既可以建立草地风险保障体系，也可以保护生态安全。

（2）首选天然草地为保险标的。根据草地的用途及其风险状况的差异，美国草地保险覆盖了各类草地资源，包括饲料、饲料种子、天然放牧场、牧草种子及多年生牧场等，并基于此设计保险产品。根据中国草地资源现状，受限于财政资金，并考虑到保险实施初期生产者的接受程度，应首选面积最大、生态效应最强、风险暴露程度最高的天然草地作为保障对象。待时机成熟后，再覆盖其他草地资源。

（3）选择主要灾害因子作为保险责任。导致草地损失的灾害因子众多，包括旱灾、雪灾、火灾等，不同灾害因子的致灾范围、致灾频率和致灾程度有区别，考虑到财政能力、各类灾因数据的可获得性及生产者经济状况，首要选择致灾能力强及数据准确性高的灾害因子进行风险保障，其他次要灾害因子可选择商业险进行补充。

（4）保险金额需结合草地经济价值及生态价值。目前我国政策性草地保险的保险金额是20～40元/亩，保险金额仅考虑了草地的生态价值，即草地受灾后的生态恢复成本，但草地具有重要生态功能的同时也具有重要的经济价值，2018年全国天然草地鲜草总产量近11亿吨，能够饲养约2.7亿羊单位的牲畜①，是牧民赖以生存的资源，具有很高的经济价值。因此，在核算草地保险的保险金额时，同时考虑生态价值和经济价值至关重要。

3.4　本章小结

中国政策性草原保险处于起步阶段，无论是运行机制建设，还是保险条款的确定，都需要在实践中不断完善。通过分析发达国家草原保险发展的特征，借鉴其先进经验，有助于进一步优化中国政策性草原保险制度，从而构筑有效的草原生态保护和草原畜牧业发展的风险保护网。

第一，从草原保险的推广范围来看，以美国、加拿大为代表的发达国家草原保险推广范围基本覆盖所有天然草原区和人工草原区，以中国为代

① 资料来源：2018年《全国林业和草原发展统计公报》。

表的发展中国家草原保险的试点范围小且参保率偏低，局限于地方试点，可持续性不强。发达国家的草原保险最早起源于1989年美国，保险产品类型经历了历史产量保险、区域产量指数保险向天气指数保险和遥感指数保险转变的过程，最终历史产量保险、区域产量指数保险和遥感指数保险由于牧场测产难、生产者理解度低等问题逐渐退出市场，目前天气指数保险产品占据约90%的市场份额，天气指数保险根据气象部门监测的气象数据统一赔付，降低了交易成本，对生产者规避风险能够提供有力的保障。相比发达国家，中国的草原保险处于萌芽和初级发展阶段，保险产品类型多为传统的损失补偿类保险产品，且基本局限于地方特色保险产品试点，仍未在全国草原区广泛开展。

第二，从草原保险发展的必要条件来看，可靠、权威、高质量的产量、气象、灾害、遥感等数据是设计草原保险产品的基础。发展草原保险需要大量的历史数据，发达国家数据较为完善，例如美国降雨指数保险的风险区划可以为“1km×1km”的网格，足以说明其气象站点多，布局密度高。而中国气象数据历史时间序列和空间精度有待提高，气象站等基础设施布局密度相对低，虽然达到了国际上气象站公认的30千米覆盖范围，但对于气候多变、区域气候较强的草原区来说，气象站点密度仍然不足；牧草历史产量数据的时间序列严重不足，从内蒙古草原统计资料来看，人工测产的牧草产量数据仅在2000—2004年前后才正式开始，遥感测产数据在2000年以后才开始，且两种测产方式都存在问题，前者仅以小面积测产代表大面积草原产量，后者的空间精度低，因此，牧草历史产量数据匮乏；灾情数据由于统计口径等信息不全，导致各类灾情数据难以整合到一起使用。因此，草原保险往往因为缺乏数据或者数据质量不好而造成赔付标准较差，参与率下降，制约草原保险的持续发展。

第三，从草原保险的经营模式来看，美国主要是联邦政府部门、私营保险部门及数据提供者三方协作配合运营，联邦政府管理项目，私营保险部门经营项目，第三方部门提供数据支持并参与保险设计，并成立了专门的机构来管理运营草原保险，使保险的运营更加专业化、精确化。中国目前草原保险发展的形式主要是保险机构自主创新，有的保险公司可能会依靠高校或科研机构解决草原保险的设计技术难题。运营模式也是政府部门、承保机构和数据支持者三方协作运营，政府负责监督管理、承保机构负责组织运营、数据支持者负责出具理赔评估报告。因此，中国草原保险的经营模式中的参与主体与美国相似，但是具体政策支持方式有所不同。

第四，从政府对草原保险的支持来看，大多数国家对草原保险提供一定的保费补贴，且补贴比例随着保障水平的提高而降低。在国外，草原保险的费率要高于传统农业保险，为提高参与率，大多数国家或在中央层面或在地方层面对产业保险的保费有一定的补贴。例如，美国对草原降雨指数保险提供50% ~60%的保费补贴，中国的草原保险虽然没有得到中央政府的补贴，但是地方政府一般按照地方特色品种保险补贴办法支持草原保险的发展。

4　草原综合风险评估与区划

中国拥有近4亿公顷的天然草原资源，占国土面积的41.7%。草原不仅是重要的国家生态安全屏障，也是现代农业和现代畜牧业发展的重要资源，对社会经济发展至关重要。然而，自然灾害频发已严重威胁草原生态安全和草原畜牧业生产经营。近年来，草原保险作为一种分散草原风险、弥补因灾损失的非价格型草原生态和畜牧业生产的风险保障工具，日益得到世界各国政府的重视，目前，美国、澳大利亚、加拿大、法国、德国、瑞士和西班牙等发达国家都实施了草原保险。

中国草原保险尚处于起步阶段，2015—2019年仅在少部分地区进行商业化试点。为此，2019年财政部等四部门联合颁发的《关于加快农业保险高质量发展的指导意见》中明确指出，“研究制定……森林草原保险示范性条款”“适时调整完善森林和草原保险制度”。2020年，全国首例政策性草原保险在内蒙古自治区巴彦淖尔市乌拉特后旗试点，2021年推行到内蒙古8个盟市13个旗县。政策性草原保险的保险标的为禁牧区及草畜平衡区的草原，在所有草原类型中费率统一为5%，全部区域实行统一的保险费率，与内蒙古草原风险严重不符，内蒙古草原面积大，包涵多种草原类型，不同草原类型面临的风险不同，造成的风险损失也不同，若实行统一费率可能会导致道德风险和逆向选择等问题，长远来看不利于草原保险的健康稳定发展。因此，精准的风险评估和区划直接决定费率厘定的科学性，综上所述，中国草原保险制度的建设首先要进行科学的风险评估和区划。

国内外学者在风险评估和区划领域进行了系统的研究。在农作物风险区划领域，单风险和多重风险的区划研究较为系统和全面。然而，在草原风险区划领域，多数研究集中在单风险的区划上，如草原雪灾风险区划、草原火灾风险区划等，其主要用于风险预警和防灾减灾系统。事实上，草原风险种类繁多，包括旱灾风险、火灾风险、雪灾风险、生物灾害风险和人为风险等，而且各风险间的相互作用关系明显，一种风险可能由多种致灾因子导致，一种风险发生会引起一系列风险发生。草原风险的发生，在空间上呈现出在同一地区各种风险的相互关联和组合的灾害链。综上所述，基于草原多重风险视角进行综合风险评估与区划，对草原风险管理，特别是草原保险条款的设计意义重大。为此，本章立足于风险管理理论，运用风险四因子论，构建了草原综合风险评估与区划的指标体系；基于锡林郭勒草原的风险状况，融合气象、草原地上生物量、遥感、灾情和社会经济等多源数据，采用多种方法进行风险评估和区划，为中国草原保险条款设计提供借鉴参考。

4.1　研究思路

国际公认可应用多风险评估框架来分析多种风险并发，但具体评估方式并不明确。对于多重风险评估框架，根据风险管理理论，首要分析风险，再分析多风险间的关系，最后进行风险评估，基于此提出了草原多重风险评估的三级分层框架（见图 4－1）。三级分层框架以风险为中心，评估其大小。一级分析是草原风险分析，包括分析致灾因子及风险发生的概率与强度及其时空变化趋势。二级分析是识别风险间相互作用的过程，并运用因果矩阵法对历年风险间的相互作用进行定量分析。三级分析则是评估多重风险，基于风险四因子论，分析风险的脆弱性、危险性、暴露性及防灾减灾能力进行草原综合风险评估（张继权，2015）。

在以往的风险评估中，一般仅考虑一种风险，在一种风险的评估下，四要素的定义分别为：脆弱性（Vulnerability），指在一定的危险区域的承载体在某一种强度的致灾因子下定量计算承灾体的伤害或损失程度；危险性（Hazard），指造成草原风险损失的致灾因子和孕灾环境等，通常由致灾因子的强度和概率决定（张继权，2007）；暴露性（Exposure），指可能受到风险威胁的所有生命或财产；防灾减灾能力（Emergency response & recovery capability），指应急管理能力、减灾投入、资源准备等，反映受灾区在长期和短期内能够从风险中恢复的程度（张继权，2015）。在多重风险下，以上风险评估四要素的内涵发生变化，脆弱性（V）指在一定危险区域的承载体在多种强度的致灾因子下定量计算承灾体的伤害和损失程度；危险性（H）指造成风险损失的致灾因子和孕灾环境等，由致灾因子的强度和概率及多种致灾因子的相互作用关系决定；暴露性（E）指可能受到多种风险威胁的所有生命或财产；防灾减灾能力（C）反映受灾区在长期和短期内能够从多种风险中恢复的程度。

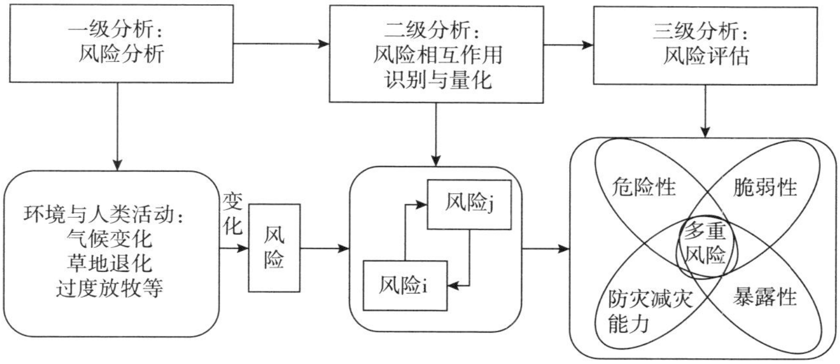

图 4－1　草原综合风险评估的三级分层框架

4.2　草原综合风险动态评估模型的建立

4.2.1　评估指标选取与数据来源

基于前文分析的草原风险评估的框架，参考已有研究，结合研究目标及数据可得性，在风险四因子论的基础上，从草原多重风险的视角出发，从致灾因子和孕灾环境的危险性、承灾体的脆弱性、承灾体的暴露性和防灾减灾能力四个维度选取指标。考虑到各指标体系综合反映了风险的后果，在实际计算过程中对全部指标赋予相同的权重，从而构建草原综合风险评估的指标体系［见表4－1列（2）］。选取这些指标的依据在于：第一，旱灾风险指标（PA）、火灾风险指标（FI）、雪灾风险指标（SN）和人为风险指标（GI）是草原最主要的四大致灾因子，同时草原多重风险之间存在较强的相互作用关系，因此引入了测度多重风险相互作用关系强度的指标（IN）。以上5个指标可以在单独反映各致灾因子危险性的同时综合反映多重致灾因子间的相互作用关系，因此，以上 5 个指标属于致灾因子危险性指标（H）。第二，历年平均单产减产率（E）可以反映牧草单产损失情况，历年单产减产率变异系数（CV）可以反映牧草单产损失波动程度，两者可以共同体现承灾体脆弱性（V）大小。第三，植被覆盖度（NDVI）可以反映某一区域植被覆盖程度，从而表征承灾体暴露在风险中的程度，属于暴露性指标（EX）。第四，防灾减灾能力（C）是区域各方面减灾要素综合能力的体现，草原风险防灾减灾能力的影响因子众多，以客观性、数据获取便利性、指标量化可行性、突出核心要素为指标选取原则，从区域防灾减灾能力和生产者自身减灾能力两个层面选取指标。从区域防灾减灾能力来说，选取了地区生产总值和公路里程，（1）地区生产总值（SR）可以反映整个区域抵御风险和灾后重建的能力。（2）公路里程（GL）是反映灾害风险发生后，减灾措施是否能够及时到达受灾地点的重要指标。从生产者自身防灾减灾能力来说，选取了打贮草总量、机电井眼数和畜棚面积 3 个指标。（3）打贮草总量（CC）是反映生产者的贮草总量，贮草总量越高，抵御风险能力越强。（4）机电井眼数（JJ）是表征生产者在受到旱灾风险的情况下，牲畜和人类所需水量不足时，生产者对于自身及牲畜饮水的供给能力，供给能力越强，抵御风险能力越强。（5）畜棚面积（CP）是表征生产者在受到雪灾风险时，是否有温暖的场所提供给牲畜以提高牲畜的产仔率和仔畜的成活率，畜棚面积越大，牲畜存活率越高，抗风险能力越强。

表 4－1　　　　草原综合风险评估指标体系

因子（1）	指标（2）	指标核算（3）
危险性（H）	旱灾风险指标（PA）	利用降水距平百分率计算旱灾强度（%）
	火灾风险指标（FI）	利用火灾灾情数据（火灾造成的经济损失）计算火灾强度（元）
	雪灾风险指标（SN）	利用雪灾灾情数据（积雪掩盖牧草程度）计算雪灾强度（%）
	人为风险指标（GI）	利用牲畜数量和草原面积计算放牧强度（羊单位/平方米）
	多重风险相互作用关系强度（IN）	利用因果判断矩阵识别和量化多重风险相互作用强度

续表

因子（1）	指标（2）	指标核算（3）
脆弱性（V）	历年平均单产减产率（E）	利用HP滤波模型计算牧草趋势单产和波动单产（%）
	历年单产减产率变异系数（CV）	历年平均单产减产的变化情况（%）
暴露性（EX）	植被覆盖度（NDVI）	利用4~9月NDVI的加总值
防灾减灾能力（C）	地区生产总值（SR）	历年地区人均生产总值（元/人）
	公路里程（GL）	历年单位面积公路里程（千米）
	畜棚面积（CP）	历年单位面积棚圈面积（平方米/千米）
	机电井眼数（JJ）	历年单位面积机电井（眼/千米）
	打贮草总量（CC）	历年单位面积打贮草总量（吨/千米）

选择内蒙古自治区锡林郭勒草原作为研究区，一是因为内蒙古草原面积居于全国第二位，草原产草量居于全国第一位，锡林郭勒草原是内蒙古草原面积最大和草地资源最为丰富的地区；二是锡林郭勒草原面临的风险较多，包括旱灾风险、火灾风险、雪灾风险、生物灾害风险和人为风险，且多重风险间相互作用关系显著，适宜进行草原综合风险区划；三是锡林郭勒草原数据支撑度较高，时间序列较长、空间尺度较为精细。本研究使用五类数据集，包括气象数据、草原产量数据、遥感数据、灾情数据和社会经济数据，五类数据集的数据来源、时间和空间尺度及测度指标选取的数据如表4-2所示。

表4-2　　数据来源及其描述

数据集类别	时间尺度	空间尺度	数据来源	测度指标选取的数据
气象数据	1960—2019年	气象站点	中国气象科学数据共享服务网和内蒙古自治区气象局	逐日降水量
草原产量数据	2004—2018年	锡林郭勒盟12个旗县	草地调查数据库监测和草原生态固定观察点	8月末草原牧草鲜重
遥感数据	2000—2020年	1km分辨率	NASA网站上MOD11 A2和MOD13 A2产品	牧草生长季的NDVI指标

续表

数据集类别	时间尺度	空间尺度	数据来源	测度指标选取的数据
灾情数据	1981—2018 年	锡林郭勒盟 12 个旗县	内蒙古防火信息管理系统和内蒙古自治区气象局	积雪掩盖牧草程度数据、火灾受灾草原面积、火灾伤亡人数及其造成的经济损失
社会经济数据	2000—2019 年	锡林郭勒盟 12 个旗县	《锡林郭勒盟统计年鉴》《内蒙古统计年鉴》《中国县域统计年鉴》	牲畜数量、草原面积、地区生产总值、公路里程、打贮草总量、机电井眼数和畜棚面积

4.2.2 研究方法

（1）半定量化因果关系矩阵法。研究表明，半定量化因果关系矩阵是分析多重风险间的相互作用的有效方法，该方法首先利用半定量化的因果矩阵法识别多重风险间的相互作用，若识别结果认为风险间存在相互作用关系，确定相互作用强度，引入危险性指标中。其次，将上述风险指标进行标准化处理，利用因果关系矩阵判断每种风险与其他风险间的相互作用关系强度，模型如下所示：

$$IN_j = \theta_0 + \sum_{i=1}^{3} \theta_i IN_i + \varepsilon_i \quad (i \neq j) \tag{4-1}$$

$$R_{max} = 3n(n-1) \tag{4-2}$$

式（4－1）和式（4－2）中，i 与 j 代表风险种类，IN 为风险指标，用标准化的系数 θ 来衡量计算出多重风险间相互作用的强度数值，风险间相互作用强度的总和 $W = \sum \theta_i$ 。n 为风险的数量，R_{max}为相互作用强度总和的最大值。W 是用于判断是否需要将多重风险间的相互作用关系引入模型中，若 $W \geqslant 50\% R_{max}$ ，那么推荐引入模型中。

（2）HP 滤波模型。HP 滤波法是一种时间序列在状态空间中的分析方法，是计算单产损失率的常用方法。该方法是利用 HP 滤波从产量序列中检测出稳定的信号，消除无规律信号，将检测出的稳定信号定义为最小化问题的解。利用该方法计算牧草单产损失率，其中牧草产量可用公式 $Y = Y_W + Y_r$ 表示，利用 HP 滤波模型确定最小化问题的解，即

$$in\{\sum_{i=1}^{T}(Y - Y_W^T)^2 + \lambda[c(l)Y_W^T]^2\} \tag{4-3}$$

其中，式（4－3）中 $c(l)$ 为延迟算子多项式：

$$c(l) = (l^{-1} - 1) - (1 - l) \tag{4-4}$$

延迟算子是对趋势产量 Y_w 的延迟，将 $c(l)$ 代入得到函数的解为

$$min\{\sum_{i=1}^{T}(Y - Y_W^T)^2 + \lambda\sum_{i=2}^{T-1}[(Y_{W+1}^T - Y_W^T) - (Y_W^T - Y_{W-1}^T)]^2\} \tag{4-5}$$

其中，式（4－5）中 λ 为 HP 滤波参数，当 λ＝0 时，函数最小化的解为 Y_w 的序列，随着 λ 的增加，最小化解的估计趋势越光滑，当数据为年度数据时，经验 λ 的取值为 100。

利用 HP 滤波模型，可得到锡林郭勒盟各旗县牧草的历年趋势产量序列，根据公式 $Y_r = Y - Y_w$ 分离出各旗县牧草的波动产量序列 Y_r，即牧草风险损失序列。基于趋势序列 Y_w 和实际单产序列 Y 构建历年平均单产减产率 E，其计算公式如下：

$$E = (Y - Y_w)/Y_w \tag{4-6}$$

（3）聚类分析法。风险区划是将具有相似风险特征的县域聚合，把风险特征差异较大的县域分离，风险区划的具体方法有时间序列法、回归分析法和聚类分析法等。按照适用性和简洁直观的原则，使用常用的聚类分析法，其思想是在缺少“先验知识”的情况下，将研究的指标按照不同程度的相似性进行分类。根据聚类方式的不同可分为系统聚类法和 K－mean 聚类法，为了使聚类结果更为准确，首先利用系统聚类法确定最优类别数，再利用 K－mean 聚类法进行聚类分析。

（4）单因素方差分析和 LSD 多重比较。单因素方差分析和 LSD 多重比较是检验多个个体之间差异显著性的方法，其可用于检验区划结果中各风险区间差异是否显著，以此判断区划结果是否可用。该方法是在在判断控制变量对观测变量产生显著影响的前提下，确定控制变量不同水平对观测变量的影响程度；是在总体方差相等的假设条件下，对全部变量观测值进行最小显著性差异检验的过程。

4.3 草原综合风险评估与区划实证分析结果

4.3.1 构建草原综合风险评估指标体系

基于已有研究，从致灾因子和孕灾环境的危险性、承灾体的脆弱性、承灾体的暴露性和防灾减灾能力四个维度选取13个指标构建风险评估指标体系，通过核算各指标对草原综合风险进行综合评估，各指标的核算如表4－1中列（3）所示。其中，危险性指标中，根据气象、灾情和社会经济数据计算风险强度，多重风险相互作用关系强度是根据因果关系矩阵计算的总作用强度（W）。脆弱性指标中，根据HP滤波模型计算得到平均单产减产率，并利用拟合后的单产数据对原数据进行线性回归来检验结果的准确性，结果显示，各旗县的拟合结果均通过了假设检验，都较好地解释了原数据中的信息。再基于变异系数计算公式，利用平均单产减产率计算得到单产减产率的变异系数，最终得到各指标的计算值，如表4－3所示。

表4－3　　锡林郭勒盟各旗县各指标计算结果

旗县	E	CV	PA	FI	SN	GI	IN	EX	SR	GL	CC	JJ	CP
东乌旗	0.796	0.014	0.621	1.000	1.000	0.235	0.163	0.816	0.000	1.000	0.000	0.858	0.345
西乌旗	0.981	0.005	1.000	0.708	0.167	0.351	0.314	0.948	0.287	0.954	0.186	0.897	0.271
锡林浩特市	0.639	0.017	0.785	0.083	0.167	0.289	0.446	0.626	0.282	0.913	0.409	0.788	0.599
正镶白旗	0.536	0.011	0.474	0.083	0.500	0.501	0.070	0.490	1.000	0.662	0.661	0.730	0.311
正蓝旗	0.169	0.053	0.441	0.125	0.667	0.559	0.125	0.677	0.709	0.765	0.269	0.685	0.170
多伦县	0.449	0.016	0.467	0.042	0.000	1.000	0.000	1.000	0.858	0.445	0.167	0.469	0.000
太仆寺旗	0.000	1.000	0.000	0.042	0.333	0.807	0.310	0.912	0.947	0.000	0.513	0.000	0.387
二连浩特市	0.703	0.008	0.739	0.000	0.167	0.000	0.178	0.000	0.505	0.922	1.000	1.000	1.000
阿巴嘎旗	0.615	0.013	0.549	0.042	0.500	0.195	0.547	0.450	0.328	0.982	0.424	0.922	0.443
苏尼特左旗	1.000	0.000	0.604	0.000	0.500	0.020	1.000	0.135	0.790	0.989	0.854	0.963	0.643
苏尼特右旗	0.919	0.006	0.585	0.000	0.167	0.067	0.321	0.104	0.978	0.938	0.754	0.945	0.670
镶黄旗	0.947	0.000	0.322	0.125	0.333	0.321	0.056	0.369	0.856	0.681	0.873	0.962	0.664

注：为准确进行风险区划，须消除量纲对聚类分析结果的影响，利用最大最优化和最小最优化方法对上述指标进行了无量纲化处理。

4.3.2 草原综合风险聚类分析结果

根据草原风险评估结果的指标值，结合系统聚类分析法和 K－mean 聚类分析法得到草原综合风险聚类结果。首先，依据 7 种不同分类方式下的系统聚类分析的结果，利用类间距离大则差异大的准则选取最优分类个数，具体而言，根据类别数和类间间距的散点图决定，根据“类别数的减少，类间距离在不断增加，则类间差异不断增大”的原则选择最优分类个数。系统聚类分析的结果表明，最优类别数量为 4 个。

其次，基于最优类别数 4 个，利用绝对值距离、欧氏距离、马氏距离、最大值距离和相关系数的 K－mean 聚类分析法对比分析，基于风险区划的空间连续性原则，结合锡林郭勒草原实际风险状况进行结果评价，最终选择欧式距离下的风险区划结果，结果显示，第 1 类包括 1 个旗县，东乌旗，位于锡林郭勒盟东部；第 2 类有 3 个旗县，包括西乌旗、锡林浩特市、阿巴嘎旗，位于锡林郭勒盟中部；第 3 类有 4 个旗县，包括正蓝旗、正镶白旗、太仆寺旗和多伦县，位于锡林郭勒盟南部；第 4 类包括 4 个旗县，分别为苏尼特左旗、苏尼特右旗、二连浩特市和镶黄旗，位于锡林郭勒盟西部［见表 4－4 列（2）］。

表 4－4　欧式距离的 K－mean 聚类法下草原综合风险区划聚类结果

类别（1）	旗县区域（2）	判断风险等级（3）
第 1 类	东乌旗	中
第 2 类	锡林浩特市、西乌旗、阿巴嘎旗	高
第 3 类	正蓝旗、太仆寺旗、多伦县、正镶白旗	低
第 4 类	苏尼特右旗、二连浩特市、镶黄旗、苏尼特左旗	极高

从聚类结果来看，锡林郭勒草原综合风险聚类结果中，每个风险区内的每个县域都与其他县域相邻，在地理上符合空间连续性原则，且基本与实际风险情况相符。在已获得聚类的结果中，可将风险区分为极高、高、中和低四类，基于“指标大则风险大”的原则构建风险区判别标准，用于判别各类风险等级，结果如表 4－4 列（3）所示，第 1 类为中风险区，第 2 类为高风险区，第 3 类为低风险区，第 4 类为极高风险区，不同风险区下

各指标均值如表 4 –5 所示。

表 4 –5　　不同风险区下各指标的均值

指标		低风险区	中风险区	高风险区	极高风险区
脆弱性	E	0. 2887	0. 6461	0. 8101	0. 9526
	CV	0. 3685	0. 0954	0. 0110	0. 0078
危险性	PA	0. 3105	0. 6205	0. 8923	0. 5498
	FI	0. 0729	1. 0000	0. 3958	0. 0091
	SN	0. 3750	1. 0000	0. 1103	0. 3333
	GI	0. 7167	0. 2352	0. 3622	0. 0664
	IN	0. 0291	0. 1634	0. 3803	0. 5599
暴露性	EX	0. 5440	0. 8737	0. 7870	0. 2117
防灾减灾能力	GL	0. 4681	1. 0553	0. 9338	0. 7709
	SR	0. 9494	0. 0000	0. 3077	0. 6917
	CC	0. 5092	0. 0000	0. 2973	0. 8162
	JJ	0. 4710	0. 8580	0. 7683	0. 9585
	CP	0. 2001	0. 3453	0. 4588	0. 7174

4. 3. 3　草原综合风险区划结果的验证

为了检验上面的区划结果是否准确，利用单因素方差分析，假定等方差下选择 LSD 方法对上述结果进行多重比较，检验结果如表 4 –6 所示。根据单因素方差分析的结果来看，锡林郭勒草原综合风险区划的各个代表性指标的 P 值中有 2 个小于 0. 01，其余均小于 0. 10，均拒绝各风险区间差异小的原假设，即各风险区有显著差异，因此可以判断锡林郭勒草原综合风险区划结果较为全面地体现了各方面的信息，区划结果准确可用。

表 4 –6　　草原综合风险区划结果单因素方差检验

指标	分类	平方和	自由度	均方	F	显著性
E	组间	0. 777	3	0. 259	5. 939	0. 02
	组内	0. 349	8	0. 044		
CV	组间	0. 273	3	0. 091	1. 169	0. 10
	组内	0. 622	8	0. 078		

续表

指标	分类	平方和	自由度	均方	F	显著性
PA	组间	0.407	3	0.136	3.953	0.053
	组内	0.274	8	0.034		
FI	组间	0.918	3	0.306	11.557	0.003
	组内	0.212	8	0.026		
SN	组间	0.486	3	0.162	3.660	0.063
	组内	0.354	8	0.044		
GI	组间	0.814	3	0.271	9.239	0.006
	组内	0.235	8	0.029		
IN	组间	0.224	3	0.075	0.971	0.053
	组内	0.616	8	0.077		
EX	组间	0.948	3	0.316	7.110	0.012
	组内	0.356	8	0.044		
GL	组间	0.559	3	0.186	3.624	0.065
	组内	0.411	8	0.051		
SR	组间	0.901	3	0.300	7.185	0.012
	组内	0.334	8	0.042		
CC	组间	0.764	3	0.255	5.554	0.023
	组内	0.367	8	0.046		
JJ	组间	0.553	3	0.184	4.291	0.044
	组内	0.344	8	0.043		
CP	组间	0.501	3	0.167	4.439	0.041
	组内	0.301	8	0.038		

4.3.4　各风险区特征分析

利用聚类分析法得到锡林郭勒草原风险区划结果后，需对每个风险区进行深入分析，厘清各风险区间的差异化特征形成的原因和同风险区中所包含县域的相似性特征。为便于直观地观察各个风险区的地理位置及特征，绘制锡林郭勒草原风险区划图，不同颜色表示不同的风险区，颜色越深代表风险越高（见图4－2）。总体上看，高风险区集中在锡林郭勒草原的西部和中部，低风险区集中在北部和南部，呈现出“中间重，上下轻”的风险特征。根据各风险区资源禀赋、自然条件和社会经济条件的差异，结合不同风险区指标值大小（见表4－5），可总结出以下特点。

（1）低风险区呈“承灾体脆弱性低、致灾因子危险性低和防灾减灾能力强”的特点。该区域包括正蓝旗、正镶白旗、多伦县和太仆寺旗，其覆盖的县域面积最小（占总面积的11.56%），属于半农半牧区，40.09%的面积是草原。主要分布的草原类型是沙地植被，草地资源质量差，但其是全盟水资源最为富集的区域（滦河水系，地表水占全盟65%以上），降水量充足（年降水量383～408毫米），牧草质量不高（优质牧草率42%），但产草量最高（1100～2000千克/公顷）。草原是畜牧业的部分生产资料来源，该区域还依靠农业生产来满足畜牧业对生产资料的需求，该区域具有农区人口密度大（1.5人/平方千米）的典型特征，由于人口密度大和草地质量差等，该区域农牧区居民可支配收入最低（1.37万元）。由此，草地资源禀赋差，但其不是主要依赖的资源，该区域还依赖需要富足水资源的农业，而农业系统的可控性远超“靠天吃饭”的草原生态系统，草原生态系统带来的风险对畜牧业生产者的影响小。同时该区域的防灾减灾措施充足，畜牧业生产者防灾减灾能力强。

因此，从风险大小的角度来看，该地区单产减产率水平最低（0.29），但减产率变异系数最高（0.37），但由于减产率水平本身较低，变异系数对最终风险损失结果的影响不大，因此承灾体脆弱性低。在致灾因子的危险性方面，该风险区受旱灾风险和火灾风险等的影响较小，且受多重风险相互作用的影响最低（0.03），因此，该区域致灾因子的危险性水平较低。从暴露性水平来看，该区域分布的主要为沙地植被，沙地植被的植被覆盖度低，暴露性较低，发生风险时造成的可能损失小。从防灾减灾能力来看，该区域的防灾减灾能力最强，其中，公路里程、机电井眼数和畜棚面积等数量大，因此在发生风险后减灾能力强，且应对旱灾风险和雪灾风险的能力强。综上所述，该区域防灾减灾能力最强。因此，结合承灾体脆弱性低、致灾因子危险性低和防灾减灾能力最强的特点，该区域属于低风险区。

（2）中风险区呈“承灾体暴露性水平高，但致灾因子危险性处于中等水平”的特点。该区域仅包括东乌旗，仅覆盖1个县域（包括乌拉盖管理区），其面积约为4.76万平方千米，是牧业为基、工业为主的旗县，草原面积是土地总面积的96.97%。资源禀赋最优，主要分布的草原类型为草甸草原，以低山丘陵、高平原与宽谷平原地形为主，是森林向草原的过渡地段，地表水比较丰富（有乌拉盖水系），降水量充足（年降水量388.7毫米以上），牧草质量最高（优质牧草率87%），牧草产量处于中上等水平（900～1500千克/公顷）。但由于日照大（年均日照2975小时）和大风日多（年际7～8级大风日数73天），极易诱发火灾风险，同时冬季降雪量大导致该区域也是雪灾易发区。在资源禀赋最优下，人口密度不高（0.21人/平方千米），人均优质资源占有量较大，因此牧区居民人均可支配收入最高（2.85万元）。由此，该区域资源禀赋最好，但极易发生火灾风险和雪灾风险，生态系统自身危险性因子较多，同时，资源禀赋最优使草原畜牧业发展迅速，社会经济发展水平较好，人类防灾减灾措施充足。

因此，从风险大小的角度来看，该区域的单产减产率处于中等水平（0.65），说明风险导致的损失率较小，减产率变异系数处于高水平（0.10），说明该区域的风险稳定程度低，发生风险的概率较高。但由于减产本身发生的概率低，在变异系数较大的情况下，整体脆弱性水平不高。从危险性水平来看，致灾因子的危险性处于中高水平，说明该风险区受到各种风险的影响处于中高水平，在多重风险中，火灾风险和雪灾风险的影响较大，人为风险和多重风险相互作用的影响较小。从暴露性水平来看，承灾体的暴露性处于最高水平（0.87），说明植被覆盖程度最高，且牧草数量和质量均较高，高植被覆盖度也表征着暴露在风险中的植被多。从防灾减灾能力来看，该区域的防灾减灾能力处于中等水平，其中，地区生产总值和打贮草总量较高，防范风险能力较强，但是公路里程和机电井眼数较低，减灾能力较弱，因此防灾减灾能力整体上呈中等水平。因此，在承灾体暴露性水平最高的情况下，致灾因子危险性和防灾减灾能力处于中等水平，在风险发生时，最终的风险损失也处于中等水平，则该区域属于中等风险区。

（3）高风险区呈“致灾因子危险性水平高，防灾减灾能力处于中等水平”的特征。该区域包含西乌旗、锡林浩特市和阿巴嘎旗，其覆盖面积仅次于极高风险区，约为6.57万平方公里，属于纯牧业和政治中心旗县，92.45%的面积为草原。资源禀赋相对较好，该区域主要分布的是大面积的典型草原和局部的草甸草原，地形以平原和低山丘陵为主，地表水比较丰富（有呼尔查干淖尔湖水系），降水量适中（年降水量 300 ~ 408 毫米），但日照大（年均日照 2900 小时）和大风日多（年均 7 级大风日数 62 天）导致蒸发量大（年蒸发量 3200 毫米以上），土壤湿度较低，因此牧草质量适中（优良牧草率 66%），产草量适中（500 ~ 1500 千克/公顷）。同时，人口密度处于中等水平（0.62 人/平方千米），牧区居民可支配收入处于中等水平（2.60 万元）。因此，资源禀赋和自然条件相对较好，生态系统自身防灾减灾能力较强，但由于蒸发量大、土壤湿度低，产草量和草地质量不是很高，导致草原畜牧业发展处于中等水平，人类防灾减灾能力处于中等水平。

因此，从风险大小来看，该区域的单产减产率较高（0.81），说明该区域的风险损失率较大，且风险损失率的变异系数处于中等水平（0.01），说明该区域的风险损失率波动水平较为稳定，高损失率下的较低波动水平使承灾体脆弱性呈中等水平。从危险性水平来看，该区域受旱灾风险、火灾风险、人为风险和多重风险相互作用的影响大，该区域致灾因子危险性处于高水平。从暴露性水平来看，草甸草原和典型草原是该区域主要分布的草原类型，这两类草原类型的植被覆盖度较高，因此风险发生时暴露的承灾体较多，则承灾体暴露性水平较高。从防灾减灾能力来看，打贮草总量、机电井眼数和地区生产总值处于中等水平，对风险的防范和应对处于中等水平，公路里程和畜棚面积较低，防灾减灾能力较低，整体来看，风险防范能力处于中等水平。因此，在致灾因子危险性较高，承灾体暴露性较高，防灾减灾能力处于中等水平的情况下，风险发生时造成的可能损失较大，属于高风险区的特征。

（4）极高风险区呈“承灾体脆弱性水平高，防灾减灾能力弱”的特征。该风险区包括的县域有苏尼特左旗、苏尼特右旗、二连浩特市和镶黄旗，其覆盖的县域面积最大（占总面积的 32.5%），属于纯牧业旗边境旗县，93.76% 的面积为草原。资源禀赋最差，该区域主要分布的是荒漠草原，地形以山坡、丘陵、平原和高原为主，水资源不足，区域内无常年性河流，仅有部分间歇性河流和季节性水沟，且年降水量最低（约 205 毫米），由此导致土壤墒情差，草地质量最差（优良牧草率 31%），产草量最低（20～400 千克/公顷）。同时该区域人口密度也最低（0.3 人/平方千米），虽然人均资源占有率高，但由于资源禀赋和自然条件差，牧区居民可支配收入仍然较低（1.38 万元）。由此，由于资源禀赋和自然条件差，生态系统本身应对风险的能力较差，同时资源禀赋差导致社会经济发展水平低，应对风险的能力不足。

因此，从风险大小来看，该区域的单产减产率最高（0.95），但减产率变异系数低，说明该区域的风险损失率高，但其波动程度低，也就是说比较稳定地处于高风险损失率水平，因此，风险发生时该区域损失最大。从危险性水平来看，该区域受旱灾风险、雪灾风险等单一风险影响较低，但受多重风险相互作用的影响最大（0.56），因此，多重风险相互作用导致的致灾因子危险性处于中等水平。从暴露性水平来看，该风险区的承灾体暴露性最低（0.21），主要分布荒漠草原，其植被覆盖度低，则承灾体的暴露程度低。该区域一旦发生风险，虽然植被少，但难以恢复。从防灾

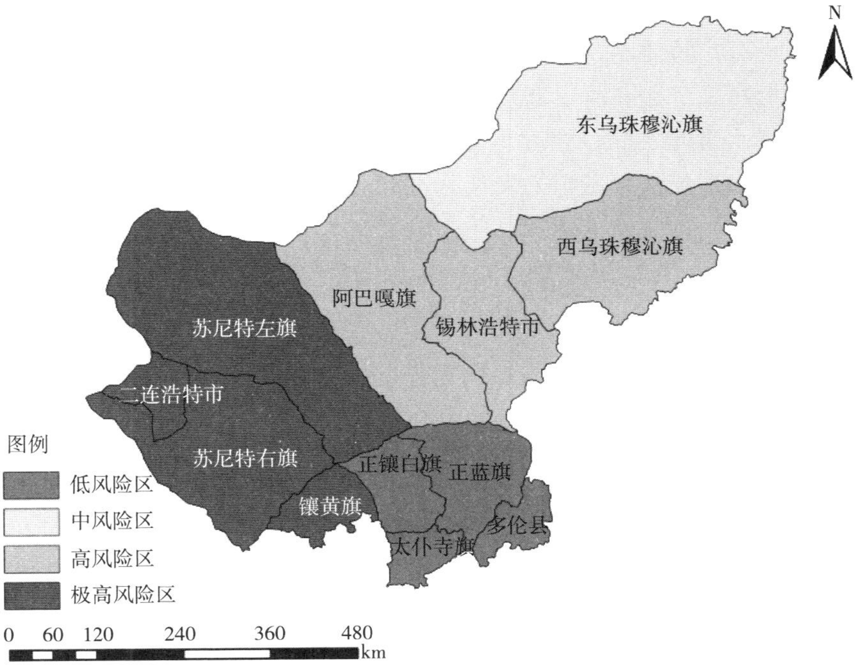

图 4－2　锡林郭勒草原综合风险区划

减灾能力来看，该风险区的防灾减灾能力最低，其中，由于地区生产总值低，区域防灾减灾措施不足，打贮草总量、机电井眼数和畜棚面积等分布量少，畜牧业生产者防灾减灾能力低，风险发生时造成的损失大。因此，在承灾体脆弱性水平高和致灾因子危险性处于中等水平，且防灾减灾能力差的情况下，该区域属于极高风险区。

4.4 本章小结

草原风险具有明显的区域分异规律，基于不同风险区划确定的草原保险费率才是精准费率。因此，通过科学、合理的草原风险区划，精准识别和评估不同草原的综合风险，对于设计草原保险条款、构建可持续发展的草原保险制度具有重要的决策支持作用。基于草原综合风险评估和区划的结果有：第一，锡林郭勒草原可分为4类风险区。其中，低风险区包括正蓝旗、正镶白旗、多伦县和太仆寺旗，中等风险区是东乌旗，高风险区是西乌旗、锡林浩特市和阿巴嘎旗，极高风险区包括苏尼特左旗、苏尼特右旗、二连浩特市、镶黄旗。第二，各风险区间在资源禀赋、自然条件和社会经济发展水平等方面存在差异显著，因此在承灾体的脆弱性、致灾因子的危险性、承灾体的暴露性和防灾减灾能力方面体现出不同特征。具体而言，低风险区呈现承灾体脆弱性低、致灾因子危险性低和防灾减灾能力强的特点，中风险区呈现承灾体暴露性水平高，但致灾因子危险性处于中等水平的特点，高风险区呈现致灾因子危险性水平高、防灾减灾能力处于中等水平的特征，极高风险区呈现承灾体脆弱性水平高，且防灾减灾能力弱的特征。

基于以上结论，该部分提出以下建议：首先，综合考量各地区自然条件和社会经济条件的差异，选择适宜的指标进行分区费率厘定。由于各风险区的特征差异主要体现在自然条件和社会经济条件上，根据各风险区进行费率厘定需要考虑各风险区间的特点，选择适宜的指标厘定费率，才能最大限度地满足风险与费率对等的原则，有利于避免逆向选择和道德风险等问题，长远来看有利于草原保险的健康稳定发展。其次，进一步缩小空间尺度进行草原保险的分区费率厘定。对于草原来说，其面积大，幅员辽阔，不同区域下的自然条件、社会条件等存在明显的差异，使各区域草原风险损失存在明显差异。即使在同一风险区下（假设其费率相同），覆盖面积过大，风险状况仍然有差异，这种差异会使风险与费率不对等，从而引起道德风险和逆向选择等信息不对称导致的一系列问题。最后，提高数据数量和质量，建立多源数据融合的信息平台。保险合约设计的关键基础是数据，从非寿险精算理论来说，第一，越长的时间序列越有利于纳入更多的异常值，使费率厘定更加精确；第二，越细化的空间尺度，越有利于测度风险的空间差异性，从而有利于降低由于风险的空间异质性导致的基差风险等问题；第三，数据质量越高，对风险的解释能力越强，保险设计和费率厘定更准确；第四，多源数据融合平台的建立需要多方面的数据，包括地理信息数据、气象数据、社会经济数据、灾害数据、承保理赔数据、巨灾损失数据和遥感数据等，同时，收集历年参保者信息也很重要，这就要求在承保理赔阶段要精准化，投保人需要报告与地块相关的详细信息。此外，大量数据分散在不同机构，数据标准不统一，数据整合难度大。因此，多源数据融合的信息平台是中国草原保险制度建设的关键。

5　草原保险产品类型的选择及指数的确定

5.1　草原保险产品类型的选择研究

草原保险设计的首要考虑因素是设计何种类型的保险产品。保险产品类型的选择关乎草原保险后续的保险条款设计的难易度、供给方的参与积极性、需求方的参保率、保险能否顺利实施，甚至关系到草原保险最终能否持续稳定发展，因此，科学合理地选择保险产品类型是保险设计首要考虑的要素。保险产品的选取原则是：第一，所有农村人口，无论收入高低，买得到也负担得起。第二，在发生巨灾损失的情况下，投保人能够得到赔偿，从而使其消费和贷款偿付能力得到保护。第三，即使数据的种类有限，仍然能够实际操作。第四，在没有政府补贴或政府补贴很少的情况下，也可以由私营部门经营。第五，能够避免道德风险和逆向选择问题（Skees et al.，1999）。基于该原则，本章从产品选择机理和实践两个角度分析和选择适宜的草原保险产品类型。

5.1.1　草原保险产品类型的选择机理分析

草原保险产品类型的选择需要基于保险理论，从不同保险产品的特点、保险标的特点、保险条款设计合理性和保险市场的供求规律四个角度来深入分析。

5.1.1.1　基于不同保险产品特点的产品类型选择分析

经对比，传统型保险和指数型保险最直接的差别在于保险理赔上的不同。指数型保险是基于某一特定事件的物理参数或参数组合而触发赔付的保险产品，而传统型保险一般是基于赔偿性质的，需要对损失进行评估的保险产品（汪丽萍，2016）。简单地说，指数型保险将传统型保险的“出险—核损—赔付”三阶段模式缩短为“出险—赔付”两阶段模式，且指数型保险的“出险”并不同于传统型保险中的“出险”，传统型保险中出险指某一被保险人的保险标的发生了保单承保范围内的风险而遭受损失，指数型保险中出险指保单承保地区发生了保单承保范围内的某一事件，且严重程度达到了事先限定的指数触发值，与某一被保险人的具体损失情况没有直接关系。

也有部分学者提出指数保险参保率的不稳定性及基差风险等问题。Hans et al.（2012）指出，经营状况较好的农民收入多元化，可以通过资产或社交网络得到风险保障，可在没有保险的情况下实现利润最大化的投资组合，只有在指数保险比自身保险机制成本低时，他们才会对指数保险感兴趣。相反，收入较低的农民没有能力购买充足的保险，不得不为降低风险而进行收益交换，因此，指数保险无法扩大规模，即使部分农民购买，政府仍需对未参保者实施救济计划。指数保险最大的缺点是基差风险问题（Doherty et al.，2003；Miranda et al.，1991）。基差风险是被保险人个人面对的剩余风险，该剩余风险源于经验损失和基于指数的保险赔偿之间不完全相关（Jensen N D et al.，2018）。基差风险的两大组成部分为设计误差（design error）和特质风险（idiosyncratic risk），设计误差指保险条款中实际的指数设计与被保险人实际风险大小不匹配，特质风险指围绕风险协变量经验的个体差异，其中设计误差可通过改善指数的准确性来降低，但特质风险本身不属于指数保险的范围，无法通过设计保险来降低。此外，若被保险人有能够反映未来风险的信息，如天气预报，该信息不会影响指数保险产品的价格，但会影响被保险人的选择，就会形成逆向选择（Carriquiry et al.，2012）。

在指数型保险中，草原指数保险根据指数类型可以划分为草原区域产量指数保险、天气指数保险和遥感指数保险。（1）草原区域产量指数保险（Area Risk Product Insurance，ARPI）主要在美国实施，该保险的缺点包括生产过程中存在放牧和收割，草原牧草产量难以测度；保险赔付基于牧草产量，因此设计基差风险较大，实施前景不好。（2）草原天气指数保险（Weather Index Insurance，WII）主要在法国、美国、加拿大，澳大利亚等国家实施，其优点是农户理解度高，购买量多，市场绩效好；较 ARPI 和传统损失补偿类保险的交易成本低。WII 的缺点是难以合法化，因为从法律视角来看基差风险是一种赌博，赔付与实际损失难以吻合；财政提供保费补贴，需证明赔付确实是农户的实际损失，但该保险不能证明。（3）草原遥感指数保险（Remote Sensing Index Insurance，SII）主要在加拿大（阿尔伯塔）、西班牙和法国实施，不同国家用的指数及分辨度不同。美国自2016 年以后不再用遥感观测指标（NDVI）。SII 的优点包括受保险公司的欢迎，特别是时间和空间分辨率较高的卫星数据；未来发展前景比较好。SII 的缺点在于农户的理解程度和减少基差风险之间是此消彼长的关系，基差风险减少（如 NDVI，分辨度高，相应会减少基差风险），但是农户理解度低，即保险对农户的透明度降低，两者之间存在矛盾，需根据实际情况进行权衡。研究结果表明，将遥感指数和天气指数结合，实施双触发机制，可使保险赔付更加合理（Willemijn et al.，2019）。

对比不同草原保险产品类型的优缺点（见表 5－1），可以发现几种保险产品各有优劣，但总体来看，目前，损失补偿类的草原保险已处于产品生命周期的末端，逐渐被指数类草原保险替代，在三种指数类草原保险中，区域产量指数保险处于衰落阶段，天气指数保险处于快速发展阶段，遥感指数保险处于萌芽阶段。因此，天气指数保险和遥感指数保险是未来草原保险产品的发展趋势。

表 5－1　　不同草原保险产品类型的优缺点对比

保险产品类型		优点	缺点
损失补偿类草原保险	产量保险	不存在基差风险，没有保单理赔争议	查勘定损和理赔难，成本高
	成本保险		
指数类草原保险	区域产量指数保险	降低信息不对称；不存在查勘定损和理赔，交易成本低	生产过程中存在不定期放牧，草原牧草产量难以测度；基差风险大
	天气指数保险	农户理解度高；购买量大；市场绩效好；降低信息不对称；不存在查勘定损和理赔，交易成本低	基差风险大
	遥感指数保险	根据分辨率高的遥感数据确定指数，指数精度高；降低信息不对称；不存在查勘定损和理赔，交易成本低	农户理解程度低；基差风险较大

5.1.1.2 基于保险标的特点的产品类型选择分析

草原保险的标的是草原，草原是在周期性水分不足而无地下水供应情况下的一些旱生或旱中生草本植物所组成的植物群落，且其生存方式由所生存区域自然条件决定并在较长的历史时期内形成。因此，与传统农作物不同，草原本身的特点比较显著。（1）草原有一定的生存环境和组成成分，包括非生物环境，如气候、土壤、地貌等非生物学成分；社会环境，如生产水平、管理水平文化水平等社会成分；系统的核心，包括植物、动物和微生物。（2）草原有一定的空间和时间，草原生态系统是占有空间较大的实体，且具有幼龄到成熟的不同时间发展阶段。（3）草原生态系统可以分为若干单元，如植物生态系统之内可分为人工草原系统和天然草原系统，动物生态系统可分为草地—牛和草地—羊系统（孙鸿烈等，2000；陈佐忠等，2000）。因此，应基于草原的特点选择保险产品类型。第一，草原生态环境和组成成分的复杂性，决定了其风险形成过程和影响因素的复杂性，因此，出于风险和费率对等原则，选择保险类型时应尽量考虑复杂性，对于传统的损失补偿类草原保险来说，如成本保险和产量保险，直接考虑最终的产量损失或者成本损失，不考虑中间的过程，对于指数类保险来说，指数的选择可能仅考虑复杂性的一个方面，无法全盘考虑复杂性。第二，由于草原占用的空间较大，投保人的单位草原面积大，对于投保人来说，草原可能存在差异化的风险特点，对于承保人来说，中间管理环节费用会很高，如交通费、传统保险的查勘定损理赔费用等。因此保险产品应尽量降低成本，考虑差异化的风险特征。基于此，对于损失补偿类保险来说，承保、查勘定损和理赔均需到户，运营成本会非常高，且即使“一户一费率”也很难使费率与风险对等。对于指数类保险来说，承保、查勘定损和理赔的中间环节费用相对较低，可以尽量缩小指数和费率的空间尺度，以使风险和费率对等。第三，人工草原系统和天然草原系统的风险差异性较大，人工草原生产管理与农作物生产管理相差不大，因此风险形成及其特点也差异不大，但天然草原受自然灾害风险为主，人为风险为辅，且自然灾害风险可受人类控制的范围较窄，存在全面间歇性的草原采食行为，测产困难，因此，在进行产品选择时，应针对不同的草原系统选择不同的产品类型，人工草原可以测产，运营管理与农作物相似，可以选择损失补偿类保险，天然草原测产难，选择指数类保险更适用。

综上所述，基于草原特点选择保险产品类型，首先，考虑风险的复杂性，损失补偿类保险直接考虑结果，忽略了过程，指数类保险根据指数仅能考虑风险在某一方面的复杂性。其次，考虑草原的空间分布特征，选择指数类保险可以降低成本，缩小指数和费率的空间尺度，降低道德风险和逆向选择风险。最后，考虑不同草原生态系统时应该选择不同的保险产品类型，如人工草原选择传统的损失补偿类保险即可，天然草原选择指数类保险更适用。

5.1.1.3　基于保险条款设计合理性的产品类型选择分析

由于保险标的、保险责任范围和保险金额的不同，保险条款设计时数据和技术支持不同，保险产品类型的选择也应该有所不同。首先，对于保险标的来说，需要界定可保风险。可保风险的理想条件是：第一，经济上具有可行性，理论上来说，风险发生的频率与损失程度有一定的关系，当风险发生的频率低、损失程度大时为保险经济，是保险的理想条件。第二，独立同分布的大量保险标的。通常情况下，需要独立同分布的大量保险标的存在，从而体现大数法则所揭示的规则，保险才有收益的可能。第三，损失的概率分布是可以被确定的，即在一个合理的精度内，损失的概率分布应是可以预测的。第四，损失是可以确定并计量的，保险人可以用已有的经验数据预测和计算未来的损失。第五，损失的发生具有偶然性，保险所覆盖的风险造成的损失存在一定程度的不确定性，即偶然的，在这种情况下，没有信息不对称，不会发生道德风险，同时大数法则也成立。基于此，可以明确在进行保险产品类型选择时，考虑保险标的是否满足可保风险的理想条件，若保险标的满足可保风险的理想条件，则可选择的保险产品类型较多；若保险标的与可保风险的理想条件相差较远，则选择适宜的保险产品类型难度较大。

其次，保险责任范围，一般而言，保险责任范围越明确，保险产品类型就出现了可选择的选项，且不同保险责任范围下产品类型的选择机理不同。若保险责任范围选择旱灾风险，旱灾风险具有缓发性、后延性和复杂性的特征，其发生比较多样化、涉及范围广、持续时间长，传统损失补偿类保险的一次性定损方式可能不适用于承保旱灾风险，而选择旱灾的某致灾因子构建指数保险更适用。若保险责任范围选择火灾风险，火灾风险突发性强、季节性明显，火灾发生时造成的损失是一次性的，因此可以利用传统的损失补偿类保险，以使赔付更加精准，指数类保险产品也可以应用到火灾风险，但较损失补偿类保险，其赔付的针对性低。

再次，不同保险产品类型下，同一保险金额的产品会出现不同的效果，例如在指数保险和损失补偿类保险下，同一保险金额，最终的赔付会相差很大。指数类保险产品按照区划单元进行赔付，在同一风险区的指数下，风险触发后，整个风险区都是同样的赔付；而传统损失补偿类保险是针对投保个人，根据每个投保人受灾大小进行差异化赔付，基本原则是大灾大赔、小灾小赔、无灾不赔。但是，对于某一险种的整体赔付水平而言，传统损失补偿类保险产品和指数类保险产品哪一类产品的赔付水平更高没有定论，依据国外指数类保险发展经验，指数类保险的赔付率可能相对更高。

最后，保险产品类型的选择还受到数据和技术支持的影响，若有长时间序列和小空间尺度的投保人层面的牧草产量数据，选择草原产量保险产品更为适宜，否则，选择指数保险产品更合适。

5.1.1.4 基于保险市场的供求规律的产品类型选择分析

基于保险需求和供给规律分析，影响保险需求的因素有：风险因素，即存在风险才会购买保险；消费者风险偏好，风险厌恶者的保险需求高，风险喜好者的保险需求低；价格因素，价格越高，保险需求越低；经济因素，消费者的收入水平决定了其是否有能力购买；人文社会环境因素，消费者对保险的认知程度取决于文化和价值观念，文化和价值观念与保险功能越吻合，消费者越容易接受保险；政策因素；等等。

影响保险供给的因素包括：社会可用于经营保险业的资本量，资本量越充足，保险供给能力越强；保险需求，消费者的购买力越强，需求越大，则供给量越多；保险的市场价格，市场价格越高，供给越高；互补品与替代品的数量，互补品越多，保险需求增长越快，替代品越多，保险需求增长越慢；保险人经营技术、管理水平，经营技术、管理水平越高，保险供给能力越强；保险人才的数量和质量，人才储备充足，保险工作的质量越高；制度、政策环境；等等。

对保险供求规律分析发现，对不同的保险产品类型来说，保险的供给和需求不同。一方面，对于同一消费者来说，在其风险因素、风险偏好、经济因素、人文与社会环境等因素一定的情况下，是选择损失补偿类草原保险还是选择指数类草原保险，取决于他们对产品的认可度、理解度、营销者的宣传水平和对保险机构的信任程度。另一方面，对于同一保险供给者来说，在资本量、保险需求、市场价格均固定不变的前提下，供给者更偏向于选择成本低、运营简单、操作简单的指数类保险产品。

5.1.2 草原保险产品类型选择的经验分析

目前，全世界实施草原保险的国家主要位于欧洲和北美地区，草原保险产品包括传统损失补偿类草原保险和指数类草原保险，其中，传统损失补偿类草原保险包括产量保险和成本保险，指数类草原保险包括区域产量指数保险、天气指数保险和遥感指数保险（Willemijn et al.，2019）。指数类草原保险在发达国家实施时间较早，1994 年美国实施的第一个指数类草原保险产品是基于县产量的区域产量指数保险，然后该指数保险先后在加拿大、西班牙、德国、法国、奥地利和瑞士等国家开展，如表 5 – 2 所示。

目前，在发达国家草原保险应用较多，Roberts（2005）指出，依据发展阶段不同，可将保险产品分为传统型保险产品和新型保险产品。其中，传统型草原保险指以查勘定损的结果为依据确定最终赔付的保险产品，可保障标的由自然灾害导致的减产损失，如美国实施的饲料历史产量保险（Actual Production History – Forage production，APH – FP）产品。

新型草原保险产品主要为指数型保险。指数型保险指依据合同中事先约定的、可客观观测的、可靠测量的、与保险标的的损失高度相关且不受人为因素影响的保险指数来确定保险赔付的一类保险产品。依据选取指数的不同，指数型保险又可分为区域产量指数保险、天气指数保险和遥感指数保险。区域产量指数保险是依据特定区域内的平均单产作为触发和确定实际赔付标准的保险产品，如美国的饲料区域产量指数保险（Area Yield Protection of Forage Production，AYP – FP）。天气指数保险指利用降水、气温等气象观测指标，并基于观测指标计算的综合气象指数来确定触发和保险赔付金额的保险产品类型，如美国草原降雨指数保险（Rainfall Index – Pasture & Rangeland & Forage，RI – PRF）。遥感指数保险是利用卫星或机载传感器的观测数据，构建反映某类地表特征（如植被、降水等）的遥感指数，并将其作为触发和赔付的标准，如加拿大和美国草原植被覆盖指数保险。

从国内外草原保险产品类型的选择来看，传统的损失补偿类保险产品正逐渐被指数类保险产品替代，近年来，草原保险产品类型以指数保险产品为主，其中天气指数保险产品最多，区域产量指数保险和遥感指数保险产品较少。

表 5－2　　欧洲和北美的草原指数保险实施现状

实施国家	开始年份	保险产品类型	使用的指数
奥地利	2015	天气指数保险产品	降水
加拿大－阿尔伯塔	2002	天气指数保险产品	降水
加拿大－阿尔伯塔	2001	区域产量指数保险	PVI
加拿大－安大略	2000	天气指数保险产品	降水
加拿大－萨斯喀彻温	2001	天气指数保险产品	降水
法国	2015	遥感指数保险产品	FPI
德国	2014	天气指数保险产品	自定义
西班牙	2001	遥感指数保险产品	NDVI
瑞士	2016	天气指数保险产品	蒸降差
美国	1994	区域产量指数保险	县产量
美国	2007	天气指数保险产品	降水
美国	2014	天气指数保险产品	降水

注：FPI 和 NDVI 为遥感监测指标，PVI 为县域测度的产量指标。

资料来源：根据 Willemijn Vroege et al.（2019）整理所得。

5.1.2.1　美国草原保险产品类型更迭变化的经验分析

美国政府对草原的风险保障至今已有30余年的历史。风险保障覆盖了5类饲草作物，分别为饲料（Forage）、饲料种子（Forage Seeding）、天然放牧场（Rangeland）、牧草种子（Grass Seed）及多年生牧场（Pasture）。有7种风险保障计划，包括历史实际产量（Actual Production History，APH）、美元计划（Dollar plan，DOL&DO）、团体风险计划（Group Risk Plan，GRP）、降雨指数（Rainfall Index，RI）、植被覆盖指数保险（Vegetation Index，VI）、补充保险—产量保障（Supplemental Coverage Option —

Yield Protection, SCO – YP）和区域产量保障（Area Yield Protection, AYP）。30 余年间，随着保险计划和保险产品类型的不断更新和改进，有 10 种不同保险计划下的保险产品保障风险，包括 4 种饲料产量保险，分别为饲料历史产量保险（APH – Forage Production）、饲料团体风险保险（GRP – Forage Production）、饲料区域产量保险（AYP – Forage Production）和饲料产量保险（SCO – YP – Forage Production）；1 种饲料种子保险（DO – Forage seeding）；1 种天然放牧场保险（天然放牧场团体保险，GRP – Rangeland）；1 种牧草种子保险（牧草种子历史产量保险，APH – Grass seed）；1 种一年生饲草料保险（一年生饲草料降雨指数保险，RI – Annual forage）和 2 种牧场和饲料的指数保险，分别为牧场、饲料降雨指数保险（RI – PRF）以及牧场和饲料植被覆盖指数保险（VI – PRF）。1989—2008 年，保险产品不断丰富，增加了 4 种保险产品，2008 年之后，保险产品有进入有退出，增加了 6 种产品，4 种产品退出，基本稳定在 6 种左右（见表 5 – 3）。

美国草原保险产品类型不断丰富，由单一的产量保险发展到逐渐引入各类指数保险，进而根据市场淘汰机制趋于稳定，目前草原保险的主要产品类型是针对饲料的损失补偿类保险产品、针对饲料种子的饲料种子收入保险产品及针对饲草料和牧场的指数保险产品。

表 5 – 3　　　　1989—2018 年美国草原险种更迭变化

产品类型	保险计划	保险标的	1989—1996 年	1997—1998 年	1999—2006 年	2007—2008 年	2009—2010 年	2011—2012 年	2013 年	2014—2015 年	2016—2018 年
a	APH	饲料	√	√	√	√	√	√	√	√	√
a	DOL	饲料种子	√	√	√	√	√	√	×	—	—
a	GRP	饲料		☑	√	√	√	√	√	×	—
a	GRP	天然放牧场			☑	√	×	—	—	—	—
b	RI	牧场和饲料				☑	√	√	√	√	√
b	VI	牧场和饲料				☑	√	√	√	√	×
a	APH	牧草种子						☑	√	√	√
a	DO	饲料种子							☑	√	√
a	AYP	饲料								☑	√

续表

产品类型	保险计划	保险标的	1989—1996 年	1997—1998 年	1999—2006 年	2007—2008 年	2009—2010 年	2011—2012 年	2013 年	2014—2015 年	2016—2018 年
b	RI	一年生饲草料								☑	√
a	SCO－YP	饲料									☑
	年保险产品总数		2	3	4	6	5	6	6	7	6

注：(1) “√”表示开办此保险产品，“☑”表示在该时间段的第一年初次开办此保险产品，“×”表示在该时间段的第一年此保险产品退出市场，此后均无该产品用“—”表示。产品类型“a”为损失补偿类保险产品，“b”为指数类保险产品。

资料来源：根据 RMA 公开的保险计划整理。

5.1.2.2 美国草原保险产品市场占有率的经验分析

美国草原保险包括产量、收入和指数三大类十种针对不同草原资源的保险产品，如表 5－4 所示。其中，产量类保险包括区域产量保险、团体产量保险和历史产量保险。区域产量保险有饲料区域产量保险（AYP－Forage Production）和补偿型饲料区域产量保险（SCO－YP－Forage Production）；团体产量保险有饲料团体保险（GRP－Forage Production）和牧场团体保险（GRP－Rangeland）；历史产量保险包括饲料历史产量保险（APH－Forage Production）和牧草种子历史产量保险（APH－Grass seed）；收入类保险只有饲料种子收入保险（DO－Forage seeding）；指数类保险既有天气指数保险也有遥感指数保险，其中，天气指数保险有一年生饲草料降雨指数保险（RI－AF）、牧场和饲料降雨指数保险（RI－PRF）两种，遥感指数保险产品为牧场和饲料植被覆盖指数保险（VI－PRF）。

表 5－4　美国草原保险产品类型

保险产品类型	保险产品
区域产量保险	饲料区域产量保险（AYP－Forage Production）
	补偿型饲料区域产量保险（SCO－YP－Forage Production）
团体产量保险	饲料团体保险（GRP－Forage Production）
	牧场团体保险（GRP－Rangeland）
历史产量保险	饲料历史产量保险（APH－Forage Production）
	牧草种子历史产量保险（APH－Grass seed）

续表

保险产品类型	保险产品
收入保险	饲料种子收入保险（DO－ Forage seeding）
天气指数保险	一年生饲草料降雨指数保险（RI－AF）
	牧场和饲料降雨指数保险（RI－PRF）
遥感指数保险	牧场和饲料植被覆盖指数保险（VI－PRF）

资料来源：根据 RMA，Summary of Business 公开的草原保险数据整理。

在众多的草原保险产品中，不同时期各类产品的市场份额有所不同（见图 5－1）。2007 年以前，产量类保险的保费收入占草原保险总保费收入的比重最大，占比为 70%～90%，近年来，指数类保险的保费收入不断提高。2007 年，一年生饲草料降雨指数保险（RI－AF）、牧场和饲料降雨指数保险（RI－PRF）及牧场和饲料植被覆盖指数保险（VI－PRF）三种草原指数保险的总保费收入之和为 0.71 亿美元，到 2018 年，三者的保费收入增加到 5.57 亿美元，增加了 6.8 倍，总保费收入占全险种保费收入的比重从 58% 增加到 95%，指数类保险产品成为保费收入最高、市场份额最大的草原保险产品。因此，美国草原保险已形成以指数类保险为主，产量及收入类保险为辅的风险保障格局。其中，指数类保险产品的市场份额已接近 90%。

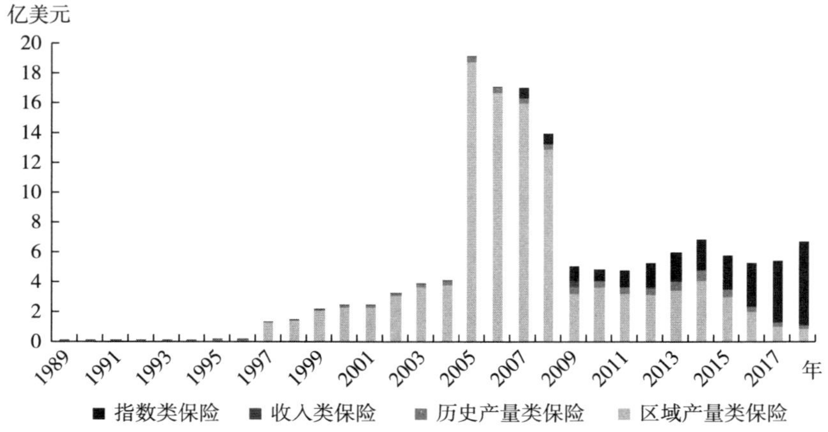

图 5－1　1997—2018 年美国不同类型草原保险保费收入分布

（资料来源：根据 RMA，Summary of Business 公开的草原保险数据整理）

综上所述，一方面，从草原保险产品类型的选择机理层面来看，基于草原保险标的、草原保险条款设计原则和保险市场供求规律的分析发现，指数类产品更加符合草原的特点，契合草原风险的特征，满足草原保险原则，基本满足市场需求。另一方面，从草原保险产品类型的经验选择来看，在国际上，草原指数保险产品类型正在逐渐替代传统的损失补偿类产品，特别是在以美国为代表的发达国家，草原指数保险的市场占有率已经接近90%。因此，根据草原保险产品类型的选择机理及国际经验的分析，指数保险产品更加适用。

5.1.3　草原保险产品类型选择的综合分析

上文从理论和实践两个层面对草原保险产品类型的选择进行了分析，研究发现，从理论上来看，首先，综合不同保险产品类型自身特点和优缺点可知，草原指数保险产品优点明显，缺点不断被克服，且有的市场占有率较高，也就是说大众认可度较高，其中，草原天气指数保险是市场份额最大的产品。其次，从保险产品特性角度分析，在选择保险产品类型时应考虑保险产品类型的可理解程度、利弊作用程度和风险损失发生的可能性。再次，从保险原则的角度出发，在选择保险产品类型时应综合考虑保险标的可保性条件、保险责任范围的明确程度及保险设计过程中的数据支持。最后，从保险供求规律分析可知，保险需求者选择损失补偿类草原保险或指数类草原保险取决于他们对产品的认可度、理解度、营销者的宣传水平和对保险机构的信任程度，保险供给者偏向于选择成本低、运营简单、操作简单的指数类保险产品。

从发达国家的实践经验来看，特别是美国草原保险的发展演变来看，指数保险产品是更适用于草原的保险产品类型。结合中国草原特点，中国草原畜牧业规模化程度偏低，若使用产量类保险，承保理赔和查勘定损的费用高，且历史产量数据不足，不支持精算产量类保险的费率；若使用收入类保险，中国草原经营细碎化，经营主体类型和经营方式多样化，难以建立统一化的草原价值评估体系，则收入类保险的保险金额和费率无法厘定。因此，在历史经验数据不足以支撑费率厘定的前提下，首选指数类保险来设计合约。

5.2 草原指数保险产品的指数确定

5.2.1 草原指数保险产品的指数确定机理分析

上文确定了指数保险为适宜于草原的保险产品类型，那么何种指数更适用于草原呢？指数保险产品中，指数选取的原则是能够高度刻画损失的变差，即构建指数与草原风险损失之间的定量关系，指数对损失的解释能力越高，说明指数越优，也就是说，构造草原风险损失和致灾因子之间的定量关系，致灾因子与草原风险损失相关性最大的即适宜的指数。

根据前文对草原风险形成原因和致损机理的理论分析，草原风险损失的致灾因子包括气象致灾因子和人为致灾因子两类，其中，气象致灾因子包括气温、风速、日照、湿度、降水量，人为风险因子主要为牲畜数量，理论分析结果发现，降水、气温、相对湿度和牲畜数量是草原各种风险发生与否的关键致灾因子，各种风险造成的直接损失是牧草减产或绝收，间接损失是畜牧业总体产量下降及畜牧业生产者收入损失，威胁草原畜牧业稳定持续发展。各致灾因子对草原第一性生产力（以下简称草原生产力）的影响机理如下。

（1）气温对草原生产力的影响方向不确定，前人研究认为气温与草原生产力呈现倒 U 形的关系，即随着气温的增加，草原生产力提高，但当气温达到一定程度后，草原生产力会随之下降。

（2）降水量与草原生产力呈现正向相关关系，即随着降水量的增加，草原生产力不断提高。

（3）相对湿度与草原生产力呈现正向相关关系，即随着土壤和空气相对湿度增加，草原生产力不断提高。

（4）牲畜数量与草原生产力的相关性不明确，部分学者研究显示，牲畜数量提高，则草原生产力下降，但也有学者研究发现，牲畜的踩踏对草原有固碳的作用，因此一定数量的牲畜会提高草原生产力。

（5）上述致灾因子与草原生产力的相关系数孰大孰小不确定，有待实证检验。

指数选择的基本原则是选择对草原风险损失变差解释能力强的指数，指数对草原风险损失变差解释能力越强，代表该指数越能完整描绘风险损失，则该指数越能解释风险损失，使风险损失与指数对等，降低指数本身的基差风险，有利于保险的持续稳定发展。基于指数对草原风险损失解释能力强的基本原则，选择理论分析得出的对草原生产力波动有影响的各类致灾因子，为了使结果更具说服力，结合相关分析和因果分析两种方法选择草原指数保险的适宜指数。

5.2.2 指数确定的相关分析

5.2.2.1 指数确定的相关关系构建

为了找到一个适宜的指数，使其对草原风险损失变差解释能力最强，本部分首先判别各风险致灾因子与草原生产力间的关系，因此利用致灾因子和草原生产力数据进行相关分析。具体而言，本部分基于致灾因子数据和草原生产力数据，采用 Pearson 相关分析方法，将数据标准化处理后，分析草原生产力与年度致灾因子和月度致灾因子的相关性。具体相关分析有：8 月草原地上生物量指标与年度致灾因子的相关分析；4 ~9 月 NDVI 加总值与年度致灾因子的相关分析；8 月草原地上生物量与 1 ~12 月致灾因子分别进行相关分析；4 ~9 月 NDVI 值与 1 ~12 月致灾因子相关分析。

5.2.2.2 草原生产力与致灾因子的相关分析结果

（1）草原生产力与年度致灾因子的相关关系结果与分析。从 8 月草原地上生物量与年度气象致灾因子和人为致灾因子的相关关系结果来看［见表 5 -5 中第（1）行］，8 月草原地上生物量与各致灾因子的相关关系均显著，其中，月平均相对湿度、月降水量和牲畜数量与地上生物量呈正向相关关系，即湿度越高，降水量越大，牲畜数量在一定规模内，草原地上生物量越高。月平均气温、月平均风速和月平均日照百分率与地上生物量呈负向相关关系，也就是说，气温越高，风速越大，日照百分率越高，草原地上生物量越低。各因子和草原地上生物量的相关度排序为：月平均相对湿度 > 月平均气温 > 月平均风速 > 年末牲畜数量 > 月降水量 >6 月末牲畜数量 > 月平均日照百分率。

从 4 ~9 月 NDVI 加总值与年度气象致灾因子和人为致灾因子的相关关

系结果来看［见表5－5（2）行］，4～9月NDVI加总值与各因子的相关关系均在1%的统计水平上显著，其中，月平均相对湿度、月降水量和牲畜数量与地上生物量呈正向相关关系，即湿度越高，降水量越大，牲畜数量在一定规模内，NDVI值越高。月平均气温、月平均风速和月平均日照百分率与地上生物量呈负向相关关系，也就是说，气温越高，风速越大，日照百分率越高，NDVI值越低。各因子和NDVI值的相关度排序为：月平均相对湿度>月降水量>月平均气温>月平均日照百分率>月平均风速>年末牲畜数量>6月末牲畜数量。

对比地上生物量和NDVI值与各致灾因子相关关系的结果发现，第一，各致灾因子与牧草产量相关关系均显著，且显著水平均在5%水平以上。第二，各致灾因子与牧草产量的相关关系方向均一致，湿度、降水量和牲畜数量与牧草产量正向相关，气温、风速和日照与牧草产量负向相关。第三，相关度排序整体上一致，气象致灾因子的相关度高于人为因子的相关度，但部分致灾因子与牧草产量相关度的排序发生变动，例如，降水量和日照在与NDVI的相关度排序中在前四位，但与地上生物量的相关度排序中均向后移动。因此，从牧草产量与各致灾因子年度数据的相关关系来看，气象致灾因子较人为致灾因子更重要。为进一步分析哪个气象致灾因子更关键、在一年中的哪个时间段更关键，下文采用牧草产量和气象致灾因子的月度数据，构建牧草产量和气象致灾因子的相关关系模型，识别关键气象致灾因子。

表5－5　草原地上生物量、NDVI与气象和人为致灾因子的相关关系结果

变量	年末牲畜存栏量（羊单位）	6月末牲畜存栏量	月平均气温（℃）	月平均相对湿度（%）	月降水量（毫米）	月平均风速（米/秒）	月平均日照百分率（%）
地上生物量（1）	0.325***	0.248**	－0.444***	0.519***	0.310***	－0.401***	－0.231***
NDVI值（2）	0.360***	0.281***	－0.578***	0.777***	0.709***	－0.430***	－0.563***

注：*、**、***分别表示变量在10%、5%和1%的统计水平上显著。

（2）草原生产力与月度致灾因子的相关关系结果与分析。从8月草原地上生物量与月度气象致灾因子的相关关系结果来看（见表5-5），气温与8月草原地上生物量呈负向显著相关关系，平均相关系数为-0.34，其中，1~3月和9~12月气温与地上生物量相关度更大，平均为-0.39，4~8月气温与地上生物量相关度较低，平均为-0.27。湿度与8月草原地上生物量呈正向显著相关关系，平均相关系数为0.35，其中，6月湿度与地上生物量相关度最大，为0.5，2~5月和7~11月湿度与地上生物量相关度次之，1月和12月湿度与地上生物量相关性最低，仅为0.17。降水与8月草原地上生物量呈正向相关关系，平均相关系数为0.14，其中，5~7月、9月和11~12月的降水（11~12月降水主要形式为降雪）与地上生物量显著相关，其余月份降水与地上生物量相关性不显著。风速与8月草原地上生物量呈负向显著相关关系，平均相关系数为-0.31，其中，5~7月风速与地上生物量相关度最高，2~4月和8~11月风速与地上生物量相关度次之，1月和12月风速与地上生物量相关度最低。日照与8月草原地上生物量呈负向相关关系，平均相关系数为-0.15，其中，5~7月和9~11月日照与地上生物量相关性显著，其余月份日照与地上生物量相关性不显著，且6~7月和10~11月日照与地上生物量相关度更大。

从4~9月NDVI加总值与月度气象致灾因子的相关关系结果来看（见表5-6），气温与4~9月NDVI加总值呈负向显著相关关系，平均相关系数为-0.45，其中，4~10月气温与NDVI加总值相关度更大，平均为-0.6，1~3月和11~12气温与NDVI加总值相关度较低，平均为-0.24。湿度与4~9月NDVI加总值呈正向相关关系，平均相关系数为0.5，其中，7月湿度与NDVI加总值相关度最大，为0.82，4~6月和8~10月湿度与NDVI加总值相关度次之，1~3月和11~12月湿度与NDVI加总值相关性最低，且12月湿度与NDVI加总值相关性不显著，其余均显著。降水与4~9月NDVI加总值呈正向显著相关关系，平均相关系数为0.31，其中，5~9月降水与NDVI加总值相关度最大，平均为0.44，其余月份降水与NDVI加总值相关度较低，为0.22。风速与4~9月NDVI加总值呈负向相关关系，平均相关系数为-0.35，其中，5~10月风速与NDVI加总值相关度最高，为-0.5，3~4月和11月风速与NDVI加总值相关度次之，1~2月和12月风速与NDVI加总值相关度最低，且2月风速与NDVI加总值相关度不显著，其余均显著。日照与 4 ~9 月 NDVI 加总值呈负向显著相关关系，平均相关系数为 -0.37，其中，7 月日照与 NDVI 加总值相关度最大，其余月份日照与 NDVI 加总值相关度在 -0.3 上下波动。

表 5 -6　4 ~9 月 NDVI 加总值与 1 ~12 月气象致灾因子的相关关系结果

变量	1月	2月	3月	4月	5月	6月	7月	8月	9月	10月	11月	12月
气温	-0.18**	-0.29***	-0.28***	-0.37***	-0.50***	-0.64***	-0.70***	-0.69***	-0.73***	-0.55***	-0.29***	-0.18**
湿度	0.15**	0.35***	0.41***	0.55***	0.58***	0.71***	0.82***	0.74***	0.64***	0.56***	0.35***	0.05
降水	0.16**	0.29***	0.21***	0.24***	0.39***	0.52***	0.54***	0.41***	0.34***	0.22***	0.28***	0.13*
风速	-0.13*	-0.12	-0.25***	-0.29***	-0.54***	-0.54***	-0.56***	-0.49***	-0.45***	-0.41***	-0.29***	-0.13*
日照	-0.35***	-0.24***	-0.29***	-0.41***	-0.33***	-0.45***	-0.61***	-0.39***	-0.29***	-0.40***	-0.37***	-0.27***

注：*、**、*** 分别表示变量在 10%、5% 和 1% 的统计水平上显著。

综上分析，结合 4 ~9 月地上生物量和 NDVI 加总值与月度气象致灾因子相关关系检验结果，可得出以下结论。第一，无论是地上生物量还是 NDVI 数据，无论是年度数据还是月度数据，均显示湿度和降水与产草量正向相关，气温、风速和日照与产草量负向相关。第二，从年度数据的分析结果来看，气象致灾因子比人为致灾因子更关键。第三，从月度数据的分析结果来看，在各气象致灾因子与产草量的相关度排序中，总体来看，湿度和气温与产草量的相关度分别居于第一、第二位，其中，1 月和 12 月日照和气温与产草量的相关度最高，2 月气温、降水量和湿度与产草量的相关度最高，3 月湿度与产草量的相关度最高，4 月湿度和日照与产草量的相关度最高，5 月湿度和产草量的相关度最高，6 ~10 月湿度和气温与产草量的相关度最高，11 月日照和湿度与产草量的相关度最高。

5.2.3　指数确定的因果分析

5.2.3.1　指数确定的因果模型构建

为了识别出适宜的草原指数保险产品的指数，本部分基于指数对风险损失变差解释能力越强则指数越优的原则，利用草原风险损失和致灾因子构建指数确定的因果模型。

（1）基于致灾因子数据和草原生产力数据，利用 HP 滤波模型拟合草原生产力波动数据，即草原风险损失数据，将致灾因子和草原风险损失数据标准化处理后，采用面板回归分析方法，构建草原风险损失与致灾因子的模型，通过以上理论分析发现，草原风险损失的致灾因子包括气象致灾因子和人为致灾因子两类，其中，气象致灾因子包括气温、风速、日照、湿度、降水量，人为风险因子主要为牲畜数量。由于数据类型属于非平衡长面板，矩估计在小样本情况下无效，故采用静态估计，构建如下模型1：

$$Yr_{it} = \beta_0 + \beta_1 tem_{it} + \beta_2 p_{it} + \beta_3 sd_{it} + \beta_4 fs_{it} + \beta_5 rz_{it} + \beta_6 sc_{it} + \varepsilon_{it} \tag{5-1}$$

其中，i 表示地区，t 表示时间，$Y_{r_{it}}$ 为被解释变量草原风险损失，β_0 表示截距项，tem_{it} 为月平均气温（摄氏度（℃）），p_{it} 为月 20～20 时累计降水量（毫米），sd_{it} 为月平均相对湿度（百分率），fs_{it} 为月平均 2 分钟风速（米/秒），rz_{it} 为月平均日照百分率（百分率），sc_{it} 为年末牲畜存栏数（万只羊单位），β_1～β_6 为上述解释变量的估计系数，ε_{it} 为误差项。

利用 Hausman 检验选择固定效应和随机效应，结果显示，P 值为 0.00，接受原假设，即选择固定效应模型，同时选择稳健标准误消除异方差问题，则稳健标准误下的固定效应模型为基准模型形式，将被解释变量和解释变量进行标准化处理。

（2）为进一步观测不同区域下的致灾因子对草原风险损失的影响是否存在差异性，根据不同区域的不同草原类型，区分 4 类草原类型，分别是位于东北部的温性草甸草原类，包括东乌旗和西乌旗；位于中部的温性草原类，包括阿巴嘎旗和锡林浩特市；位于南部的温性荒漠草原类，包括正镶白旗和正蓝旗、镶黄旗、太仆寺旗和多伦县；位于西北部的温性草原化荒漠类，包括苏尼特左旗、苏尼特右旗和二连浩特市，根据该分区，验证不同区域下草原风险损失对致灾因子的响应差异，即地区异质性分析，构造如下模型2：

$$Yr_t(id_i) = \beta_0 + \beta_1 tem_t + \beta_2 p_t + \beta_3 sd_t + \beta_4 fs_t + \beta_5 rz_t + \beta_6 sc_t + \varepsilon_t \tag{5-2}$$

其中，$Yr_t(id_i)$ 为草原风险损失，$i=1$ 时为东北部温性草甸草原类的草原风险损失，$i=2$ 时为中部温性草原类的草原风险损失，$i=3$ 时为南部温性荒漠草原类的草原风险损失，$i=4$ 时为西北部温性草原化荒漠类的草原风险损失，$\beta_1 \sim \beta_6$ 为上述解释变量的估计系数，ε_t 为误差项。

5.2.3.2 草原风险损失与致灾因子的因果分析结果

从基准模型回归结果来看［见表5－7第（1）列］，第一，湿度是影响草原风险损失最为关键的致灾因子，各致灾因子对草原风险损失的影响程度排序是：湿度>气温>牲畜数量>降水量>风速>日照，湿度正向显著影响草原风险损失（0.58），即随着湿度增加，牧草产量增加。第二，整体来看，湿度和气温的气象致灾因子对草原风险损失的贡献度大于牲畜数量的人为致灾因子的贡献度，同时人为致灾因子的贡献度又大于降水量、风速和日照的贡献度。第三，气温是对草原风险损失影响第二重要的致灾因子，其负向显著影响草原风险损失（－0.52），也就是说，气温每上升一单位，牧草产量降低0.52单位。第四，牲畜数量对草原风险损失的影响也很重要，其负向显著影响草原风险损失（－0.46），即牲畜数量增加，牧草产量下降。第五，降水量正向显著影响草原风险损失（0.384），这表明，降水量每增加一单位，牧草产量上升0.38单位。第六，风速负向显著影响草原风险损失（－0.06），即风速增加，牧草产量下降。

长面板固定效应回归结果显示，模型存在个体固定效应，即各致灾因子对草原风险损失的影响存在地区异质性，因此，进行地区异质性分析，结果如表5－7列（2）至列（5）所示，致灾因子对锡林郭勒东北部、中部、南部、西北部草原风险损失的影响存在差异。第一，对于东北部的温性草甸草原类来说，致灾因子对草原风险损失的贡献度排序是：气温>降水量>湿度>牲畜数量>风速>日照，气温是影响草原风险损失最为关键的致灾因子，其负向显著影响草原风险损失（－1.2），湿度是影响草原风险损失的第三个重要因子（0.50）。第二，对于中部的温性草原类来说，致灾因子对草原风险损失影响程度的排序是：气温>牲畜数量>日照>湿度>降水量>风速，气温对草原风险损失的贡献度最大（－0.83），湿度对草原风险损失的影响位于中等水平（0.5）。第三，对于南部温性荒漠草原类来说，各致灾因子对因变量的贡献度排序是：湿度>牲畜数量>气温>降水量>日照>风速，湿度是对草原风险损失贡献度最大的致灾因子（0.63）。第四，对于西北部的温性草原化荒漠类来说，各致灾因子对草原风险损失的影响程度排序是：湿度>降水量>气温>牲畜数量>日照>风速，湿度是影响草原风险损失最重要的致灾因子。第五，对比各致灾因子在不同草原类型下的贡献度可发现，整体而言，湿度是影响各地区草原风险损失的关键变量，在每个地区其影响程度为0.44～0.63，而其他致灾因子在不同地区下的影响程度差异较大，例如气温在不同地区下的影响程度为0.34～1.2。因此，模型结果显示致灾因子对草原风险损失的影响存在地区异质性，各致灾因子在不同地区的贡献度存在差异，部分地区湿度的贡献度不在第一位，但湿度对各地区草原风险损失的影响变化不大，整体上属于影响草原风险损失最为关键的致灾因子。

综上所述，湿度是草原风险损失最为关键的致灾因子，因此选择湿度作为草原指数保险的指数最为合理，理论上指数对损失的解释能力超过80%最优，但在现实中很难找到这一指数，湿度对草原风险损失的解释能力超过50%，进行一定的数学处理也可以作为指数使用，后文费率厘定将详述具体的数学处理过程。

表5－7　　长面板固定效应模型估计结果

变量	基准模型（1）	地区异质性分析			
		东北部（2）	中部（3）	南部（4）	西北部（5）
气温	－0.522*** （－5.33）	－1.200* （－20.91）	－0.832* （－19.35）	－0.340* （－3.51）	－0.374* （－8.68）
湿度	0.575*** （11.35）	0.496 （1.29）	0.504* （5.48）	0.628** （7.84）	0.447* （6.60）
降水量	0.384*** （7.60）	0.673 （3.52）	0.307 （2.54）	0.338** （7.42）	0.433* （6.54）
风速	－0.057** （－3.76）	－0.005 （0.36）	－0.005 （0.36）	－0.085*** （－9.24）	－0.007 （0.33）
日照	－0.037 （－0.55）	－0.003 （－0.14）	－0.587*** （－69.64）	0.091 （2.12）	－0.208 （－1.08）
牲畜数量	－0.456** （3.41）	－0.486 （1.19）	－0.634 （5.88）	－0.603 （0.87）	－0.259 （1.28）
常数项	0.000*** （6.70）	－7.235 （－0.92）	11.547 （0.34）	－0.186 （－0.50）	－76.670 （－1.76）

续表

变量	基准模型（1）	地区异质性分析			
		东北部（2）	中部（3）	南部（4）	西北部（5）
样本量	228	38	38	95	57
p	0.000	0.000	0.000	0.000	0.000
F	87.453	30.12	27.56	57.41	40.16

注：括号内为 t 值；*、**、*** 分别表示变量在 10%、5% 和 1% 的统计水平上显著。

5.3 本章小结

本章选择了适宜的草原保险产品类型，并确定了适宜的指数。其一，从理论和实践两个层面对草原保险产品类型的选择进行了分析，研究发现，（1）草原指数保险产品的市场占有率较高，其中，草原气象指数保险是市场份额最大的产品。（2）保险需求者会根据理解度、营销者的宣传水平和对保险机构的信任程度选择保险产品类型，保险供给者主要根据成本高低、操作难易程度来选择保险产品类型。（3）结合中国草原特点，借鉴发达国家的经验，指数保险产品是适宜于草原的保险产品类型。其二，在借鉴国外发达国家经验的基础上，详细分析了美国草原指数保险的产品类型变化和市场占有率情况，研究表明，（1）美国草原保险种类丰富，其中，指数保险是美国草原保险的主导产品类型。（2）草原指数保险市场份额最大，基本覆盖全美主要草地资源。

其三，理论分析并实证识别了草原指数保险的适宜指数，相关分析结果表明，（1）湿度和降水与牧草产量正向相关，气温、风速和日照与牧草产量负向相关。（2）气象致灾因子比人为致灾因子更关键。（3）按照牧草生长季（4~9 月）和非生长季划分，牧草生长季风险形成的关键气象致灾因子为湿度和气温，牧草非生长季风险形成的关键气象致灾因子为日照、气温和湿度。（4）与其他致灾因子相比，草原生产力与相对湿度致灾因子的相关系数最大，则选择相对湿度作为保险的指数。因果分析结果表明，湿度是影响草原风险损失最为关键的致灾因子，虽然致灾因子对草原风险损失的影响存在地区异质性，即各致灾因子在不同地区的贡献度存在差异，部分地区湿度的影响程度不是最大的，但湿度对各地区草原风险损失的影响变化不大，整体上湿度仍然是影响草原风险损失最为关键的致灾因子。因此选择湿度作为指数保险的指数。

6 草原湿度天气指数保险的费率厘定研究

草原保险作为保障草原生态和生产安全的重要手段，目前在世界很多国家得到应用与实施，由于草原面积大、范围广、人烟稀少、交通不便和牧草测产难等特点，为减少传统保险因信息不对称带来的道德风险和逆向选择风险，减少查勘定损环节，降低交易成本，草原保险产品主要以指数型为主，具体包括区域产量指数保险、天气指数保险和遥感指数保险。其中，天气指数保险指选择可以观测的，并且存在与损失密切相关的气象因子（如温度、湿度、降雨和降雪等），根据其历史数据确定触发值，将承保期间该气象因子的实际值与触发值相比较以决定保险赔付状况（刘廷华，2021；梁来存，2020b；张玉环，2017）。随着草原指数保险的逐渐发展，天气指数保险逐渐成为草原保险市场的主导产品类型。一方面，与区域产量指数保险相比，天气指数保险无需测产，且天气指数保险的指数设计所依赖的数据是由第三方提供的气象数据和地块信息数据整合而成，不是直接的产量信息，但与产量高度相关，不受保险人或被保险人拥有信息量的影响，因此在一定程度上减少了信息不对称。另一方面，与遥感指数保险相比，生产者对天气指数保险的指数理解程度更强。遥感指数反映卫星监测的图像中显示出的植被生长状和植被覆盖度，但卫星监测是用近红外波段和红光波段反射值计算出来的，相比天气状况，生产者更难理解遥感指数，其购买保险行为受到影响（Liu T，2021；Willemijn et al.，2019）。因此，天气指数保险不仅有效克服了传统保险产品类型的缺陷，而且较区域产量指数保险和遥感指数保险市场接受度更强。此外，它还能承保指定风险，在风险控制上效率更高，因此，天气指数保险受到了保险业和监管部门的高度重视（梁来存，2020a；郭新雅等，2023）。

我国草原指数保险仅在少数地区进行短期试点，由于草原指数保险是一个新生事物，其在发展过程中也显现出一些机制、产品设计等亟须解决的问题。其中，保险定价的科学性和可行性是问题的核心，也是各方关注的焦点。试点过程中或传统上利用经验判断法来厘定费率，整个承保区使用统一费率，但草原牧区地广人稀，不同区域风险的大小不一样，其损失概率和概率分布也不一样，统一费率不符合各地区的风险实际，会违背“风险一致性”的基本原理，即费率要与风险大小相匹配，否则将产生严重的逆向选择问题——高风险地区的牧户按照相对较低的费率交了比应该交的要少的保险费，实际上收益增加，而低风险地区的牧户按照同样的费率交费，实际上是收益损失。对被保险人来说，统一费率会削弱低风险地区牧户的投保积极性，使风险无法得到有效分散。对于保险人来说，低风险地区的牧户不再购买保险，导致投保率降低，违背保险“大数法则”的原理，同时，高风险地区牧户全额购买保险，甚至将保险当作投资理财的手段，保险人赔付率过高，违背保险“收支平衡”原理，最终会导致草原保险市场乱象频发，不利于草原保险的健康稳定发展。

基于此，结合前文的研究发现，锡林郭勒草原的关键风险是旱灾风险，各种风险的核心致灾因子为湿度。因此，本书选择湿度指数进行草原湿度天气指数保险的分区费率厘定。而天气指数保险费率厘定的前提是确定湿度天气指数的触发值，即湿度是多少时，草原各种风险被触发，造成草原风险损失。

6.1 草原指数保险费率厘定方法的选择

关于草原指数保险分区费率厘定，国内外学者已经有了一些研究成果。草原指数保险发展初期，世界银行在肯尼亚、蒙古国等发展中国家启动了一系列针对草原牲畜的指数保险项目。其中，肯尼亚北部地区的产品针对旱灾导致的草场减产、牲畜死亡损失，以归一化植被指数为保险指数估计牲畜死亡率和牧民损失，属于遥感指数保险产品。蒙古国的指数保险产品将国家统计局编制和发布的县级牲畜死亡率作为指标，来设计牲畜死亡率指数保险（Chantarat Set al.，2013；Luxbacher K & Goodland A，2010）。

近年来，中国改变了草原指数保险以牲畜为参保标的、依据牲畜疾病或死亡来设计指数、依据牲畜损失进行赔付的传统保险方式，而是选择以某一气象因素为保险标的，利用气象因素的致灾机理确定保险触发值，设计出根据牲畜饲养成本的增加进行赔付的肉羊天气指数保险。该保险不仅在风险评定和成灾定损技术方面均具有可行性，而且相比传统指数保险的年际牲畜死亡率，在时间和空间尺度上进一步优化。此外，将牲畜饲养成本的增加作为保险金额更加切实关系到每个牧民的生产生活，在一定程度上可调动牧民的参保积极性。易泳泺等（2015）和 Tao Ye et al.（2017）以内蒙古东部地区为例，选取冬半年实际积雪深度超过临界积雪深度的累计天数作为雪灾指数，依据草场类型、羊群啃食习惯等条件，选取积雪深度触发值为 10～25 厘米，以 5 厘米为间隔，分为 10 厘米、15 厘米、20 厘米、25 厘米四档。考虑到牧民储存草料的习惯和产品最终的吸引力，将起赔天数触发值设计为 60 天、90 天、120 天三档，依据历史数据，基于十年一遇和二十年一遇的重现期标准，在雪灾指数保险概率函数下确定不同重现期、不同触发值下的纯风险损失率，即纯费率。李懿珈等（2018）以西藏那曲地区草原为例，选择相对蒸降差作为干旱指数，利用 Terra MODISNDVI、EVI 等建立了草原地上生物量的遥感监测和估算模型，并结合遥感估算的多年平均草原鲜重，计算产草量的相对减产率，作为触发标准。依据历年 5～7 月草地鲜重的相对减产率，对其期望值进行估计，可计算得到各县逐月的多年平均保额损失率，则为纯风险损失率。李亚（2019）以锡林郭勒盟为研究区，重新选取指数优化了该地区现行的肉羊旱灾指数保险，选取标准化降水蒸散指数（SPEI）作为旱灾指数，采用 log－logistic 概率分布计算时间尺度的累计概率，以 8% 为均衡纯费率，根据风险系数和牧草多年平均损失率计算肉羊旱灾指数保险纯费率。

肉羊旱灾和雪灾天气指数保险自 2015 年在内蒙古锡林郭勒盟乌拉盖和呼伦贝尔市新巴尔虎左旗进行商业试点，2016—2018 年逐渐向锡林郭勒盟阿巴嘎旗和鄂尔多斯市商业推广，2019 年在锡林郭勒盟全盟和呼伦贝尔市四个牧业旗县政策性补贴实施，2020 年保险暂缓实施。肉羊天气指数保险在实施中出现了诸多运营机制和条款设计方面的问题，其中，指数设计及其触发值的确定不合理是 2019 年锡林郭勒盟出现超额赔付，并导致 2020 年无法继续实施的主要原因。天气指数触发值的设定关系到赔付程度，理论上应基于多年的气象数据科学计算得到。但该触发值是根据经验确定，最终导致与实际值相差过大，引起了超额赔付。其中旱灾指数触发值的确定尤为不合理，其按 2020 年核查的 2019 年干旱天数进行理赔，保险公司最高赔付率可为538%，其次为400%及260%等[①]。由此可见，指数的选择及其触发值确定的科学性和合理性尤为重要。

也有学者利用数理统计法而非经验判断法确定触发值。梁来存（2020a）以粮食作物洪涝风险为研究目标，利用降水量数据，按照概率分布理论确定触发值，再根据触发值确定洪涝风险指数，以此进行费率厘定等工作。梁来存（2020b）以早稻作物日照过短灾害风险为研究对象，利用日照时间数据，采用概率分布模型，构建日照过短触发值，以此计算赔付概率，并计算气候减产率，在预设的多种分布形式下，利用参数估计进行费率厘定。

综上所述，学者对草原指数保险的研究中，保险标的一般为牲畜或天气因素，保险金额为牲畜损失，多数学者利用经验判断法确定指数触发值，少数学者利用数理统计方法确定指数触发值，风险损失率一般通过计算气候相对减产率来确定。

因此，本书打破保险责任范围，以某一天气指数导致的综合风险为保险标的，借鉴农业天气指数保险触发值的确定方法，利用遥感数据估算牧草鲜重，并测算气候相对减产率，从而进行分区费率厘定。本章的主要贡献是基于概率分布理论科学地确定了相对湿度保险触发值，从而使费率厘定更加科学。该方法将赔付概率、触发值、保险定价有机地联系在一起，更加符合实际情况，这为探讨天气指数保险的触发值确定、费率厘定提供了新思路。

6.2 费率厘定的模型与方法

6.2.1 湿度指数保险触发值的确定

前文通过理论分析和实证分析发现，相对湿度与牧草产量损失的相关

① 资料来源：笔者所在调研组在 2019—2020 年撰写的报告《内蒙古自治区草原肉羊天气指数保险实施情况的调查报告——基于锡林郭勒盟的实地调研数据》。

度最高，因此，指数选择相对湿度，相对湿度指空气中水汽压与饱和水汽压的百分比，也是湿空气的绝对湿度与相同温度下可能达到的最大绝对湿度之比，也可表示为湿空气中水蒸气分压力与相同温度下水的饱和压力之比。在牧草的整个生长期间，如果某一时期相对湿度过低，且低于某一限度，即触发值，则会引起草原风险，如旱灾风险、火灾风险等，以及由两种风险引发的次生风险，如生物灾害风险和人为风险等。因此，牧草遭受了因相对湿度降低造成的牧草产量损失。此时，被保险人是否应当得到赔付，是以实际相对湿度与事先确定的触发值相比较为依据的，与产量是否下降无关，因此相对湿度保险指数触发值的确定不需要与产量变化相联系。

根据梁来存（2020）的触发值确定方法，以符号 J_t 表示 t 时期（如某月）的实际相对湿度。相对湿度数据频率为年度。对于实际相对湿度时间序列 J_t，当样本容量足够大时，可以建立时间序列模型，根据该模型可以得到 t 时期湿度的预测值序列 $\hat{J}_t$。对残差 $J_t - \hat{J}_t$ 进行 d 阶差分，可以得到独立的、平稳的时间序列 W_t，即 $W_t = d(J_t - \hat{J}_t)$。以 B 表示滞后算子，则有：

$$W_t = (1 + \sum_{k=1}^{d} (-1)^k C_d^k B^k)(J_t - \hat{J}_t) \tag{6-1}$$

在上式两边同时除以 $(1 + \sum_{k=1}^{d} (-1)^k C_d^k B^k)$，则得到：

$$(J_t - \hat{J}_t) = (1 + \sum_{k=1}^{d} (-1)^k C_d^k B^k)^{-1} W_t \tag{6-2}$$

对于平稳时间序列 W，建立的模型为 ARMA（p，q），即

$$W_t = c + \alpha_1 W_{t-1} + \alpha_2 W_{t-2} + \cdots + \alpha_p W_{t-p} + \varepsilon_t + \theta_1 \varepsilon_{t-1} + \theta_2 \varepsilon_{t-2} + \cdots + \theta_q \varepsilon_{t-q} \tag{6-3}$$

其中，ε_t 是均值为0，方差为 δ^2，互相独立且服从正态分布的白噪声过程，即 $\varepsilon_t \sim WN(0,\delta^2)$，对式（6－3）两边求期望，整理得：

$$E(W_t) = \frac{c}{1 - \alpha_1 - \alpha_2 - \cdots - \alpha_p} \tag{6-4}$$

由式（6－4）得 $c = (1 - \alpha_1 - \alpha_2 - \cdots - \alpha_p)E(W_t)$，代入式（6－3）整理得到：

$$W_t - E(W_t) = \alpha_1[W_{t-1} - E(W_t)] + \alpha_2[W_{t-2} - E(W_t)] + \cdots + \alpha_p[W_{t-p} - E(W_t)] + (\varepsilon_t + \theta_1\varepsilon_{t-1} + \theta_2\varepsilon_{t-2} + \cdots + \theta_q\varepsilon_{t-q}) \quad (6-5)$$

上式两边同时乘以 $W_t - E(W_t)$，再求期望，则得到 W_t 的方差：

$$\begin{aligned}\delta^2 W_t &= E[W_t - E(W_t)]^2 \\ &= \alpha_1 E[(W_{t-1} - E(W_t))(W_t - E(W_t))] \\ &\quad + \alpha_2 E[(W_{t-2} - E(W_t))(W_t - E(W_t)] + \cdots \\ &\quad + \alpha_{p-1} E[(W_{t-(p-1)} - E(W_t))(W_t - E(W_t))] \\ &\quad + \alpha_p E[(W_{t-p} - E(W_t))(W_t - E(W_t)) \\ &\quad + E[(\varepsilon_t + \theta_1\varepsilon_{t-1} + \theta_2\varepsilon_{t-2} + \cdots + \theta_q\varepsilon_{t-q})(W_t - E(W_t))]\end{aligned}$$

由于残差序列 $J_t - \hat{J}_t$ 经过 d 次差分后得到的 W_t 是消除了自相关的独立平稳的时间序列，故 $E(W_{t-i}) = E(W_t)$，$\mathrm{cov}(W_{t-i}, W_t) = 0(i = 1,2,3,\cdots,p)$，同时考虑到 ε_t 的分布，得到

$$\begin{aligned}\delta^2 W_t &= \alpha_1 \mathrm{cov}(W_{t-1}, W_t) + \alpha_2 \mathrm{cov}(W_{t-2}, W_t) + \cdots + \alpha_p \mathrm{cov}(W_{t-p}, W_t) \\ &\quad + E[W_t(\varepsilon_t + \theta_1\varepsilon_{t-1} + \theta_2\varepsilon_{t-2} + \cdots + \theta_q\varepsilon_{t-q})] \\ &= E(\varepsilon_t W_t) + \theta_1 E(\varepsilon_{t-1} W_t) + \theta_2 E(\varepsilon_{t-2} W_t) + \theta_3 E(\varepsilon_{t-3} W_t) \\ &\quad + \cdots + \theta_q E(\varepsilon_{t-q} W_t)\end{aligned}$$

由于

$$E(\varepsilon_t W_t) = \delta^2$$

$$\theta_1 E(\varepsilon_{t-1} W_t) = \theta_1(\alpha_1 + \theta_1)\delta^2$$

$$\theta_2 E(\varepsilon_{t-2} W_t) = \theta_2(\alpha_1(\alpha_1 + \theta_1) + \alpha_2 + \theta_2)\delta^2$$

则可设：

$$\delta^2 W_t = f(\alpha_i, \theta_j)\delta^2 (i = 1,2,3,\cdots,p; j = 1,2,3,\cdots,q) \quad (6-6)$$

由式（6-4）和式（6-3）可知，$W_t \sim N(E(W_t), \delta^2 W_t)$，即

$$W_t \sim N(c/(1 - \sum_{i=1}^{p}\alpha_i), f(\alpha_i, \theta_j)\delta^2)(i = 1,2,3,\cdots,p; j = 1,2,3,\cdots,q)$$

故有：

$$\left[-Z_{\alpha/2} \leqslant \frac{W_t - c/(1 - \sum_{i=1}^{p}\alpha_i)}{\sqrt{f(\alpha_i, \theta_j)}\delta} \leqslant Z_{\alpha/2}\right] = 1 - \alpha$$

即

$$p(c/(1-\sum_{i=1}^{p}\alpha_i))-Z_{\alpha/2}\sqrt{f(\alpha_i,\theta_j)}\delta \leqslant W_t \leqslant c/(1-\sum_{i=1}^{p}\alpha_i) + Z_{\alpha/2}\sqrt{f(\alpha_i,\theta_j)}\delta$$

将式（6－1）代入可得：

$$p(\hat{J}_t + \left[\frac{c/(1-\sum_{i=1}^{p}\alpha_i)-Z_{\alpha/2}\sqrt{f(\alpha_i,\theta_j)}\delta}{1+\sum_{k=1}^{d}(-1)^k C_d^k B^k}\right] \leqslant J_t \leqslant \hat{J}_t + \frac{c/(1-\sum_{i=1}^{p}\alpha_i)+Z_{\alpha/2}\sqrt{f(\alpha_i,\theta_j)}\delta}{1+\sum_{k=1}^{d}(-1)^k C_d^k B^k} \tag{6-7}$$

由上式可得：

$$P\left[J_t \geqslant \hat{J}_t + \frac{c/(1-\sum_{i=1}^{p}\alpha_i)+Z_{\alpha/2}\sqrt{f(\alpha_i,\theta_j)}\delta}{1+\sum_{k=1}^{d}(-1)^k C_d^k B^k}\right] = \frac{\alpha}{2}$$

其中，$\frac{\alpha}{2}$为相对湿度保险的赔付概率（保障水平），则湿度指数保险因相对湿度降低带来风险的触发值 J_0^A 为：

$$J_0^A = \hat{J}_t + \frac{c/(1-\sum_{i=1}^{p}\alpha_i)+Z_{\alpha/2}\sqrt{f(\alpha_i,\theta_j)}\delta}{1+\sum_{k=1}^{d}(-1)^k C_d^k B^k} \tag{6-8}$$

类似地，由上式还可得到：

$$P\left[J_t \geqslant \hat{J}_t + \frac{c/(1-\sum_{i=1}^{p}\alpha_i)-Z_{\alpha/2}\sqrt{f(\alpha_i,\theta_j)}\delta}{1+\sum_{k=1}^{d}(-1)^k C_d^k B^k}\right] = 1-\frac{\alpha}{2}$$

其中，$1-\frac{\alpha}{2}$为相对湿度保险的赔付概率（保障水平），则相对湿度保险因相对湿度降低带来风险的触发值 J_0^B 为

$$J_0^B = \hat{J}_t + \frac{c/(1-\sum_{i=1}^{p}\alpha_i)-Z_{\alpha/2}\sqrt{f(\alpha_i,\theta_j)}\delta}{1+\sum_{k=1}^{d}(-1)^k C_d^k B^k} \tag{6-9}$$

其中，赔付概率相当于保障水平，赔付概率越高，保障水平越高，触发值越低，则更易触发风险。

6.2.2 湿度的测度指标

低湿度测度指标旨在反映相对湿度低所导致的草原风险的严重程度。当低湿度保险的赔付概率为（$2/\alpha$）时，即保险的保障水平为（$2/\alpha$）时，比较第 t 期的实际相对湿度 J_t 和低相对湿度触发值 J_0^A，如果 $J_t > J_0^A$，表明没有发生低湿度导致的草原风险，此时，低湿度测度指标值为0。如果 $J_t \leqslant J_0^A$，表明低相对湿度引致的草原风险发生，低湿度测度指标 $H_t^A = J_t - J_0^A$，指标为正数，其越大代表风险越大，则低湿度测度指标 H_t^A 可定义为

$$H_t^A = \max\{J_0^A - J_t, 0\} \tag{6-10}$$

类似地，当低湿度保险的赔付概率为（$1-\alpha/2$）时，即保险的保障水平为（$1-\alpha/2$）时，低湿度测度指标 H_t^B 可定义为

$$H_t^B = \max\{J_0^B - J_t, 0\} \tag{6-11}$$

式（6－10）和式（6－11）设置的低湿度测度指标反映了低湿度引致草原风险的严重程度。低湿度测度指标越大，代表低湿度引致的草原风险越严重；反之，则代表草原风险越轻微，低湿度指标值为0，表示当年草原未遭受低湿度导致的风险。

6.2.3 单产损失率

用符号 X_t 表示牧草实际单产。影响牧草实际单产的主要因素是气候，气候因素是随机的、偶然的，使牧草实际单产发生波动，形成气候单产，用符号 Q_t 表示，除气候因素外，其他政策制度和放牧强度等人为因素使牧草实际单产发生趋势性变动，形成趋势单产，用符号 $\hat{X}_t$ 表示。比较实际单产 X_t 和趋势单产 $\hat{X}_t$，若 $X_t > \hat{X}_t$，则认为当年牧草单产未遭受气候因素引致的草原风险的影响，气候单产 Q_t 为0；若 $X_t < \hat{X}_t$，则认为当年牧草单产变化的影响程度在各年之间具有可比性，定义气候减产率 Y_t 为

$$Y_t = \max(0, \hat{X}_t - X_t)/\hat{X}_t \times 100\% \tag{6-12}$$

Y_t 为气候减产率，即单产损失率。

6.2.4 湿度指数保险的分区费率厘定

首先，要了解低湿度导致的草原风险对牧草单产降低的影响程度。上文已说明，低湿度风险的严重程度采用低湿度测度指标来体现，牧草单产降低的程度（单产损失率）采用气候减产率指标来衡量。为此，需要确定低湿度测度指标与牧草单产损失率之间的定量关系。借助计量经济分析方法，根据历年数据，可以建立相应的模型，设其模型形式为

$$\hat{Y}_t = f_1(H_t^A), \hat{Y}_t = f_2(H_t^B) \qquad (6-13)$$

其中，f_1 和 f_2 分别代表湿度测度指标与牧草单产损失率之间的函数关系。

其次，厘定牧草单产低湿度保险的纯费率。牧草单产低湿度保险属于非寿险，非寿险精算中纯费率厘定思路是，纯费率即单产损失率的期望值。因此，牧草单产低湿度保险的纯费率即低湿度导致的单产损失率即气候减产率的期望值。

当湿度指数保险的保障水平为（$2/\alpha$）时，湿度指数保险的纯费率 $R_{HA} = E[f_1(H_t^A)]$；当湿度指数保险的保障水平为（$1-2/\alpha$）时，湿度指数保险的纯费率 $R_{HB} = E[f_1(H_t^B)]$。

最后，基于不同草原类型、不同区域下，计算低湿度导致的单产损失率的期望值，得出不同草原类型、不同区域下湿度指数保险的纯费率。

6.3 实证分析

6.3.1 触发值和湿度测度指标的确定与计算

6.3.1.1 触发值的确定

四个风险区的牧草单产为 X_{8ti}（8 月草原地上生物量）或 N_{4ti}、N_{5ti}、N_{6ti}、N_{7ti}、N_{8ti}、N_{9ti}（4～9 月 NDVI 值），以及 1～12 月相对湿度 J_{1ti}、J_{2ti}、J_{3ti}、J_{4ti}、J_{5ti}、J_{6ti}、J_{7ti}、J_{8ti}、J_{9ti}、J_{10ti}、J_{11ti}、J_{12ti} 都是时间序列（$i=1,2,3,4$，代表 4 个风险区），每个风险区对应 1～12 月的相对湿度，每个风险区相对湿度指标是每个风险区所包括县域的多个气象站点监测的相对湿度

的平均值。应先判断各指标的平稳性，采用 ADF 单位根检验法，对每个指标逐一进行平稳性检验。检验结果表明，在 1% 和 5% 的显著性水平上，上述指标都是平稳的（见表 6－1），因此利用 ARMA 模型进行分析（为节约篇幅，本章仅展示极高风险区 6～8 月的计算结果，下同）。

对四个风险区 1～12 月相对湿度指标分别建立 ARMA 模型（见表 6－1），按照 AIC 和 BIC 越小，模型越优的信息准则选择模型，这些模型的特征方程及其特征根如表 6－1 所示。再对 ARMA 模型的残差项是否为白噪声进行检验，采用 Ljung－Box－Q 统计量，其最大滞后期取［n/4］＝15，残差检验结果见表 6－1。

首先，模型平稳性分析。ARMA 模型的平稳性检验可根据各模型的特征方程和特征根判断，由表 6－1 可知，它们的模都小于 1，满足模型的平稳性要求。

表 6－1　　四个风险区月相对湿度的 ARMA 模型及其检验

风险区	月份	ARMA 模型	特征根	残差序列检验
极高风险区	6	$\hat{J}_{6t}=42.22+0.0501AR(1)$	0.05	$Q_{(15)}=10.82$　P 值＝0.4586
	7	$\hat{J}_{7t}=51.10-0.0198AR(1)$	0.02	$Q_{(15)}=8.96$　P 值＝0.6256
	8	$\hat{J}_{8t}=53.55-0.1079AR(1)-0.41077AR(2)$	0.12	$Q_{(15)}=5.87$　P 值＝0.8258

其次，ARMA 模型残差序列检验。由表 6－1 的统计结果可见，各个 Q 统计量相应的 P 值均远大于 1%，这表明所有的 Q 值都小于检验水平为 1% 的 χ^2 分布临界值（位于临界值左侧），故接受原假设 H_0，即模型的残差序列为白噪声序列。

第三，预测残差序列及其检验。基于上述的 ARMA 模型，选择静态预测法，即根据相对湿度的实际值来进行预测，可以得到四个风险区历年1～12 月相对湿度预测值序列 $\hat{J}_{1ti},\hat{J}_{2ti},\hat{J}_{3ti},\cdots,\hat{J}_{12ti}$。据此可以计算预测的残差序列，$J_{1ti}-\hat{J}_{1ti},J_{2ti}-\hat{J}_{2ti},J_{3ti}-\hat{J}_{3ti},\cdots,J_{12ti}-\hat{J}_{12ti}$。采用 PP 检验、DF－GLS 检验和 KPSS 对各残差序列的平稳性进行检验，由于空间限制，只列出了 PP 检验的统计量和 P 值，结果表明，残差序列均平稳。同时进行了 DW 检验，结果表明，各残差序列都是独立序列（见表 6－2）。

表 6－2　　四个风险区预测残差序列的平稳性检验

	残差序列	PP 检验				结论
		检验模型	Q 统计量	P 值	DW	
极高风险区	$J_{6t}-\hat{J}_{6t}$	（0，0，1）	－7.617	0.0000	1.99	平稳
	$J_{7t}-\hat{J}_{7t}$	（0，0，1）	－7.613	0.0000	2.03	平稳
	$J_{8t}-\hat{J}_{8t}$	（0，0，1）	－7.629	0.0000	1.95	平稳

注：检验模型（C，T，L）中，C 表示截距项，T 表示趋势项，L 表示滞后项，0 表示没有 C 和 T。

第四，构建独立、平稳的时间序列。$W_{1ti}=J_{1t}-\hat{J}_{1t}$，$W_{2ti}=J_{2t}-\hat{J}_{2t}$，…，$W_{12ti}=J_{12t}-\hat{J}_{12t}$，对 W_{1ti}，W_{2ti}，…，W_{12ti} 分别建立 ARMA 模型，如表 6－3 所示，根据特征方程的单位根可得，它们的模均小于 1，满足模型平稳性要求。对 W 的 ARMA 的残差序列进行检验，结果显示，Q 统计量及相应 P 值远大于 1%，说明所有 Q 值都小于检验水平为 1% 的卡方分布临界值，故接受原假设，即 W 的 ARMA 模型的残差序列为白噪声序列。

第五，计算湿度指数保险的触发值。由于 W 为平稳独立的序列，其数学期望均为 0，方差为 δ_{W_t}。如表 6－3 所示，根据公式，在保障水平为 40% 和保障水平为 60% 的情况下，即 $\alpha/2$ 取 40% 和 $1-\alpha/2$ 取 60% 时，计算湿度指数触发值 J_0^A 和 J_0^B。

表 6－3　　四个风险区 W 的 ARMA 模型及其相关计算

风险区	月份	ARMA 模型	特征根	残差序列检验	数学期望和方差	J_0^A 和 J_0^B
极高风险区	6	$\hat{W}_{6t}=-0.00366AR(1)$	－0.0037	$Q_{(15)}=10.79$ P 值 ＝0.4608	$E(W_{6t})=0.000$ $\delta_{W_{6t}}=30.6437$	$J_{6,0}^A=\hat{J}_{6t}+6.8948$ $J_{6,0}^B=\hat{J}_{6t}-6.8948$
	7	$\hat{W}_{7t}=0.0136AR(1)$	0.0014	$Q_{(15)}=8.99$ P 值 ＝0.6232	$E(W_{7t})=0.000$ $\delta_{W_{7t}}=41.7802$	$J_{7,0}^A=\hat{J}_{7t}+9.4006$ $J_{7,0}^B=\hat{J}_{7t}-9.4006$
	8	$\hat{W}_{8t}=0.03504AR(1)$	0.035	$Q_{(15)}=5.71$ P 值 ＝0.8918	$E(W_{8t})=0.000$ $\delta_{W_{8t}}=46.3174$	$J_{8,0}^A=\hat{J}_{8t}+10.4214$ $J_{8,0}^B=\hat{J}_{8t}-10.4214$

6.3.1.2　湿度测度指标的计算

采用静态预测法，利用表6－2的ARMA模型，可以计算出1～12月湿度的预测序列，当赔付概率为 $\alpha/2$ 时，利用公式可以得到湿度测度指标 H_t^A。当赔付概率为（$1-\alpha/2$）时，利用公式可以得到湿度测度指标 H_t^B，按照经验，本研究考虑赔付概率取值为40%和60%的情况。结果如表6－4所示，由于表格内容较多，本部分仅以极高风险区60%的保障水平下的2000年以后的湿度测度指标值为例进行展示。

表6－4　极高风险区60%的保障水平下历年湿度测度指标值

年份	6月	7月	8月
2000	7.87	16.19	16.86
2001	5.96	19.56	16.63
2002	0.47	11.69	18.85
2003	0.00	3.25	9.07
2004	7.93	10.22	0.51
2005	13.39	12.28	15.77
2006	9.64	10.84	13.68
2007	14.84	15.87	13.53
2008	0.72	15.57	10.16
2009	9.39	18.77	18.76
2010	8.46	22.71	23.07
2011	11.59	14.43	17.88
2012	0.00	3.19	8.97
2013	3.56	14.42	9.72
2014	0.77	19.40	18.88
2015	0.00	13.90	17.20
2016	3.65	9.00	16.26
2017	13.18	18.90	9.60
2018	15.16	6.04	1.22
2019	9.53	10.85	62.38

注：为美化表格，表中的数据仅保留两位小数，实际计算中保留四位小数。

6.3.2　计算气候减产率

以4～9月NDVI值作为单产序列，由于单产X序列滞后一期后是平稳的，可建立四个风险区的 ARMA 模型，如表 6－5 所示，由模型结果可知，模型整体效果良好，模型对应的特征根小于 1，位于单位圆内，满足平稳性的要求。利用 Ljung－Box－Q 统计量检验模型的残差项，样本容量 n＝21，最大滞后期取［n/4］＝5，当滞后期为 5 时，相应的 P 值大多数都大于 0.01，接受原假设，说明模型的残差项为白噪声序列，因此，上述的 ARMA 模型可用于预测。利用静态预测法，可预测 2000—2020 年的单产趋势值 $\hat{X}_t$，利用公式则可以计算气候减产率 Y_t，气候减产率即为单产损失率。

表 6－5　四个风险区牧草单产的 ARMA 模型及其检验（NDVI）

风险区	月份	ARMA 模型	残差检验
极高风险区	6	$X_{6t}=-0.0001-0.5666AR(1)+0.0169AR(2)+0.3909AR(3)+0.1117AR(4)-0.9999MA(1)$	$Q_{(5)}=5.23$ P 值＝0.0222
	7	$X_{7t}=0.0023-0.3703AR(1)-0.1521AR(2)+0.1226AR(3)-0.1207AR(4)-0.9999MA(1)$	$Q_{(5)}=8.84$ P 值＝0.0029
	8	$X_{8t}=0.0020+0.7726AR(1)+0.6758AR(2)+0.6101AR(3)+0.3668AR(4)$	$Q_{(5)}=7.14$ P 值＝0.0281

以 8 月草原地上生物量的监测数据作为单产序列，由于单产 X 序列滞后一期后是平稳的，故可建立四个风险区的 ARMA 模型，如表 6－6 所示，由模型结果可知，模型整体效果良好，模型对应的特征根小于 1，位于单位圆内，满足平稳性的要求。利用 Ljung－Box－Q 统计量对模型的残差项进行检验，样本容量 n＝15，最大滞后期取［n/4］＝4，当滞后期为 4 时，相应的 P 值均大于 0.01，接受原假设，说明模型的残差项为白噪声序列，因此，上述的 ARMA 模型可用于预测。利用静态预测法，可预测 2004—2018 年的单产趋势值 $\hat{X}_t$，利用公式则可以计算气候减产率 Y_t，气候减产率即单产损失率。

表 6－6　四个风险区牧草单产的 ARMA 模型及其检验（地上生物量）

风险区	ARMA 模型	残差检验
低风险区	$X_t=-360.34-0.4317MA(1)+0.3583MA(2)+0.6138MA(3)$	$Q_{(4)}=2.39$　P 值＝0.4950

续表

风险区	ARMA 模型	残差检验
中风险区	$X_t = 796.23 - 0.9426AR(1) - 0.9999MA(1)$	$Q_{(4)} = 4.33$　P 值 =0.3634
高风险区	$X_t = 167.93 - 0.1130AR(1) - 0.9999MA(1)$	$Q_{(4)} = 2.91$　P 值 =0.5724
极高风险区	$X_t = 159.05 + 0.9999AR(1) + 0.9959MA(1)$	$Q_{(4)} = 7.45$　P 值 =0.1139

以 4 ~9 月 NDVI 加总值作为单产序列，由于单产 X 序列滞后一期后是平稳的，可建立四个风险区的 ARMA 模型，如表6 –7 所示，由模型结果可知，模型整体效果良好，模型对应的特征根小于 1，位于单位圆内，满足平稳性的要求。利用 Ljung – Box – Q 统计量检验模型的残差项，样本容量 n =21，最大滞后期取［n/4］ =5，当滞后期为5 时，相应的P 值大多数都大于0.01，接受原假设，说明模型的残差项为白噪声序列，因此，上述的 ARMA 模型可用于预测。利用静态预测法，可预测 2000—2020 年的单产趋势值 $\hat{X}_t$ ，利用公式则可以计算气候减产率 Y_t ，气候减产率即单产损失率。

表 6 –7　四个风险区牧草单产的 ARMA 模型及其检验（NDVI 加总值）

风险区	ARMA 模型	残差检验
低风险区	$X_t = 0.0177 - 0.04AR(1) + 0.1250AR(2) + 0.3485AR(3) + 0.2872AR(4) - 0.9999MA(1)$	$Q_{(5)} = 2.57$ P 值 =0.1088
中风险区	$X_t = 0.0266 - 0.3405AR(1) + 0.2531AR(2) - 0.5550AR(3) + 0.1633AR(4) - 0.9999MA(1)$	$Q_{(5)} = 11.73$ P 值 =0.0006
高风险区	$X_t = 0.022 + 0.6931AR(1) + 0.1664AR(2) - 0.0115AR(3)$	$Q_{(5)} = 4.31$ P 值 =0.2303
极高风险区	$X_t = 0.0045 + 0.2395AR(1) + 0.3040AR(2) + 0.2380AR(3) + 0.415AR(4) - 0.5983MA(1) - 0.4017MA(2)$	$Q_{(5)} = 16.12$ P 值 =0.1857

6.3.3　气候减产率与湿度测度指标的定量关系

对于气候减产率 Y_t，1 ~12 月的湿度测度指标为 H_t^A 和 H_t^B，采用 ADF 单位根检验法检验它们的平稳性，检验结果表明，这些指标均平稳，均为 0 阶单整。

现检验 Y_t 与 H_t^A 和 H_t^B 之间是否存在协整关系。首先，根据 JJ 检验、协整LR检验和协整Wald检验确定 Y_t 与 H_t^A 或 H_t^B 是否存在协整关系，若检验结果的P值小于0.01，表示拒绝被解释变量无法进入协整关系的原假设，即气候减产率与湿度测度指标存在协整关系，检验结果见表6－8和表6－9的第（2）列。其次，构建协整回归方程。利用Johansen的极大似然估计（MLE）方法估计向量误差修正模型（VECM），协整回归方程见表6－8和表6－9第（3）列。

从协整检验的结果来分析，在1%、5%或10%的显著性水平下，检验结果拒绝原假设，即在40%和60%的保障水平下逐月的气候减产率和湿度测度指标之间存在协整关系，即变量间存在长期的均衡关系。从协整方程的回归结果来看，在40%和60%的保障水平下，湿度测度指标值越大，代表因湿度低带来的灾害越严重，牧草产量下降越多，气候减产率就越大。也就是说，气候减产率与湿度测度指标呈正比例关系。在表6－8和表6－9中，协整回归均为正数，这说明协整回归方程合理。以40%保障水平下的2月为例，协整方程 $\hat{Y}_t = 0.043238H_{2t}^A$ 的含义是：湿度指数保险的保障水平为40%时，计算2月的湿度指数触发值，2月实际湿度指数每超过湿度触发值1单位，气候减产率平均增加4.3238%；协整方程 $\hat{Y}_t = 0.021972H_{2t}^A$ 的含义是当湿度指数保险的保障水平为60%时，计算2月的湿度触发值，当2月实际湿度指数每超过触发值1单位，气候减产率平均增加2.1972%。

表6－8　40%的保障水平下气候减产率（Yt）与各湿度测度指标的协整检验

定量关系（1）		协整检验（2）	协整回归方程（3）
极高风险区	Y_t 与 H_{6t}^A	协整LR检验：P值＝0.071 协整Wald检验：P值＝0.015	$\hat{Y}_t = 0.0354H_{6t}^A$ （0.08） $R^2=0.0004$　P值＝0.9354
	Y_t 与 H_{7t}^A	协整LR检验：P值＝0.257 协整Wald检验：P值＝0.016	$\hat{Y}_t = 0.022111H_{7t}^A$ （1.25） $R^2=0.0800$　P值＝0.2268
	Y_t 与 H_{8t}^A	协整LR检验：P值＝0.136 协整Wald检验：P值＝0.083	$\hat{Y}_t = 0.02560H_{8t}^A$ （0.88） $\chi^2=0.7792$　P值＝0.3774

注：列（3）的括号中为相应参数估计对应的t值。

表 6－9 60%的保障水平下气候减产率（Yt）与各湿度测度指标的协整检验

定量关系（1）		协整检验（2）	协整回归方程（3）
极高风险区	Y_t 与 H_{6t}^B	协整 LR 检验：P 值＝0.019 协整 Wald 检验：P 值＝0.001	$\hat{Y}_t = 0.00569H_{6t}^B$ (3.91) $R^2=0.4596$ P 值＝0.0010
	Y_t 与 H_{7t}^B	协整 LR 检验：P 值＝0.019 协整 Wald 检验：P 值＝0.002	$\hat{Y}_t = 0.004164H_{7t}^B$ (1.96) $\chi^2=3.8389$ P 值＝0.0501
	Y_t 与 H_{8t}^B	协整 LR 检验：P 值＝0.008 协整 Wald 检验：P 值＝0.001	$\hat{Y}_t = 0.002237H_{8t}^B$ (1.82) $\chi^2=3.2945$ P 值＝0.0695

注：列（3）的括号中为相应参数估计对应的 t 值。

6.3.4 湿度指数保险的费率厘定

6.3.4.1 估计湿度测度指标的期望值

由于高湿度年份的湿度测度指标值为 0，对于伽玛分布、卡方分布、威布尔分布、帕累托分布等，都不能利用极大似然法有效估计分布参数，因此，从正态分布、逻辑斯谛分布、均匀分布、指数分布 4 种分布形式中，根据修正的 Anderson－Darling（A2）值最小的原则选择最佳分布，采用极大似然法估计分布参数，进而求得湿度测度指标的期望值。

计算各湿度测度指标 H_t^A 和 H_t^B 在正态分布、逻辑斯谛分布、均匀分布、指数分布下的对应的修正的 Anderson－Darling 值，列于表 6－10 列（1）至列（4）中。比较修正的 Anderson－Darling 值的大小，根据修正的 Anderson－Darling 值最小的原则，得出各湿度测度指标的最优分布列于表 6－10 列（5）。再以最大似然法估计相应最优分布的参数值，列于表 6－10 列（6）。基于分布的数学期望与参数估计值之间的关系，从而得到各湿度测度指标 H_t^A 和 H_t^B 期望值的估计值，列于表 6－10 列（7）。

表 6－10　　极高风险区各湿度测度指标的分布判断与期望值估计

指标	修正的 Anderson – Darling 值				结论	参数估计值（6）	期望值（7）
	正态分布（1）	逻辑斯谛分布（2）	均匀分布（3）	指数分布（4）	最优分布（5）		
H_{6t}^{A}	18.70	19.09	2208.56	33851.66	正态分布	μ＝0.1568（0.0167） δ＝0.5075（0.0000）	0.1568
H_{6t}^{B}	1.16	1.21	870.26	743.36	正态分布	μ＝7.1984（0.0000） δ＝5.0013（0.0000）	7.1984
H_{7t}^{A}	20.45	20.01	172.40	35118.35	逻辑斯谛	μ＝0.1606（0.0000） s＝0.4115（0.0000）	0.1606
H_{7t}^{B}	0.3647	0.4446	320.01	292.11	正态分布	μ＝9.6107（0.0000） δ＝6.0835（0.0000）	9.6107
H_{8t}^{A}	21.67	21.22	1379.55	37731.21	逻辑斯谛	μ＝0.7979（0.0000） s＝2.9675（0.0000）	0.7979
H_{8t}^{B}	1.57	0.4875	339.38	291.64	逻辑斯谛	μ＝10.7807（0.0000） s＝4.4304（0.0000）	10.7807

6.3.4.2　纯费率厘定

首先，确定湿度指数保险的触发值，基于 1960—2019 年 1～12 月平均相对湿度数据，上文已经构建了各月份湿度的 ARMA 模型，依据该模型可以预测下一年的相对湿度。根据前述推导的不同赔付概率下的触发值计算式，代入下一年的湿度预测数据，即可得到相应赔付概率下的触发值。以 2 月极高风险区为例加以说明，当湿度指数保险的赔付概率取 40% 时，按照前文构建的月相对湿度的 ARMA 模型，采用静态预测法，可以得到下一年 2 月的湿度预测值。利用已经得到的低湿度触发值进行计算，可以得到下一年 2 月的湿度触发值。当湿度指数保险的赔付概率为 60% 时，按照前文构建的月相对湿度的 ARMA 模型，采用静态预测法，可以得到下一年 2 月的湿度预测值。利用已经得到的低湿度触发值进行计算，可以得到下一年 2 月的湿度触发值。

其次，厘定费率。非寿险精算的费率厘定思路是纯费率即期望损失值。草原湿度指数保险属于非寿险的财产性保险，按照费率厘定的方法，草原湿度指数保险的纯费率为因湿度降低导致的单产损失率的期望值。

气候减产率 Y_t 的计算式为 $Y_t = \max(0, (\hat{X}_t - X_t))/\hat{X}_t \times 100\%$ 。由此可得，气候减产率 Y_t 正好就是单产 Y_t 的损失率。上文已建立了气候减产率关于各湿度测度指数的协整回归模型，该模型体现了气候减产率与湿度测度指标的长期均衡的定量关系，且上文已测算了各湿度测度指标的期望值，该期望值是各年低湿度引致的风险的年平均水平。因此，根据上文即可厘定草原湿度指数保险的纯费率（结果见表 6－11 和表 6－12）。

以极高风险区 8 月的费率厘定为例进行说明，当赔付概率取 40% 时：极高风险区 8 月湿度测度指标每增加 1%，即相对于触发值，实际湿度每增加 1 单位，气候减产率相应地平均增加 2.56%。8 月湿度测度指标期望值为 0.7979，也就是说，1960—2019 年每年 8 月实际相对湿度超过当年 8 月湿度触发值的程度在历年的平均水平为 0.7979 单位。因此，当赔付概率为 40% 时，8 月湿度指数保险的纯费率为

$$R_{HA} = E[f_1(H_t^A)] = 2.56\% \times 0.7979 = 2.0426\%$$

当赔付概率取 60% 时：极高风险区 8 月湿度测度指标每增加 1%，即相对于触发值，实际湿度每增加 1 单位，气候减产率相应地平均增加 0.2237%。8 月湿度测度指标期望值为 10.7807，也就是说，1960—2019 年每年 8 月实际相对湿度超过当年 8 月湿度触发值的程度在历年的平均水平为 10.7807 单位。因此，当赔付概率为 60% 时，8 月湿度指数保险的纯费率为

$$R_{HB} = E[f_1(H_t^B)] = 0.2237\% \times 10.7807 = 2.4116\%$$

表 6－11　　40%的保障水平下湿度指数保险纯费率厘定结果　　单位：%

风险区	1 月	2 月	3 月	4 月	5 月	6 月	7 月	8 月	9 月	10 月	11 月	12 月
低风险区	0.03	0.01	0.02	—	0.44	0.19	0.11	0.03	0.03	0.05	0.01	0.00
中风险区	0.04	0.03	0.03	0.03	0.54	0.54	0.19	0.07	0.07	0.30	0.02	0.02
高风险区	0.04	0.04	—	0.07	0.84	0.56	0.21	0.25	0.28	0.31	0.06	0.07
极高风险区	0.21	—	—	1.25	0.87	0.56	0.36	2.04	0.41	0.35	0.14	0.16

注：“—”表示该风险区该月份的湿度测度指数与气候减产率之间不存在协整关系，纯费率厘定无意义，因此未厘定纯费率。

表 6-12　　60%的保障水平下湿度指数保险纯费率厘定结果　　单位:%

风险区	1月	2月	3月	4月	5月	6月	7月	8月	9月	10月	11月	12月
低风险区	2.79	2.24	2.01	2.59	1.73	1.81	2.23	1.60	1.11	1.09	2.03	0.68
中风险区	3.66	2.31	3.37	3.01	3.18	2.57	2.28	1.67	1.16	1.10	2.32	1.11
高风险区	4.04	3.00	3.42	4.65	4.82	2.75	2.82	1.93	1.36	2.23	2.49	1.13
极高风险区	5.41	4.91	5.77	4.67	4.85	3.10	3.00	2.41	3.37	2.41	2.86	1.67

6.3.5 结果分析

以锡林郭勒盟四个风险区为例，基于1960—2020年的历年月度相对湿度数据和草原地上生物量即NDVI数据，确定了湿度指数保险的触发值，并厘定纯费率，从费率厘定的结果可以得到以下结论。

（1）触发值呈现“中间低，两端高”的趋势，1月和12月最高，4～6月最低，1～3月逐月降低，6～12月逐月提高。以2018年为例，从2018年极高风险区1～12月的触发值来分析，当保障水平为40%时，触发值从1月的54.97逐月下降到4～6月的30左右，7～12月从41.51上升到52.29；当保障水平为60%时，触发值从1月的79逐月下降到5月的39，6～12月从49逐月增加到79。因此，无论保障水平是40%还是60%，触发值都会呈现“中间低，两端高”的变化趋势，即1～6月逐月降低，7～12月逐渐增高。这是由各月相对湿度的分布决定的，1960—2019年历年1～12月平均相对湿度分别为：58.04%、47.23%、32.99%、37.82%、31.84%、34.29%、54.27%、57.36%、56.54%、48.27%、51.05%、45.93%，1～12月整体上呈下降趋势。对于各月份的相对湿度分布，当平均相对湿度增加时，相当于月相对湿度分布图向右移动，当保障水平为同一值时，触发值也随之向右移动，触发值增大；当平均相对湿度减少时，相当于月相对湿度分布图向左移动，当保障水平取同一值时，触发值也随之向左移动，触发值减小。

（2）保障水平越高，触发值越低。对于1～12月的任一月份，赔付概率取60%时的触发值均明显小于赔付概率取40%时的触发值。这是因为，对于同一个月的湿度分布，或者说对于同一湿度分布图，当保障水平增大时，触发概率增加，触发值相应地向左移动，即触发值减小；当保障水平减小时，触发概率减少，触发值相应地向右移动，即触发值增大。

（3）厘定的湿度指数保险费率更贴近实际。无论赔付概率取40%还是60%，厘定的保险费率都是分月度的保险费率，对于湿度指数保险而言，地区的月度相对湿度一定比年度相对湿度更具有代表性，因此，月度保险费率更贴近实际。

（4）不同保障水平下纯费率随时间变化的趋势趋于一致。当保障水平为40%时，1～6月纯费率普遍高于7～12月的纯费率。以高风险区纯费率为例，当赔付概率取40%时，纯费率由1月的0.04%逐月增加，增至5～7月最高达到0.84%，8月开始下降，下降到12月的0.07%。当赔付概率取60%时，1～5月纯费率相对较高，6～12月纯费率相对较低，根据1960—2019年历年的月度相对湿度数据，其间1～5月平均相对湿度逐月增加，低湿度引致风险发生的可能性逐月增大，对单产降低的影响逐月增大，湿度指数保险的纯费率也相对较高；6～12月的平均相对湿度下降，湿度引致风险发生的可能性变小，对单产降低的影响减小，湿度指数保险的纯费率也降低。

（5）保障水平越高，纯费率越高。从实际测算结果可以看出，1～12月的任一月份，保障水平为60%时的纯费率都显著高于保障水平为40%时的纯费率。这是因为对于湿度天气指数保险来说，保障水平越高，赔付概率越大，保障水平越高，湿度触发值就越小，则湿度测度指标就越大，其期望值也越大，对单产降低的影响就越大，纯费率就越高。

（6）从空间分布来看，纯费率空间差异显著，呈现出“高风险区费率高、低风险区费率低”的显著特征，与理论分析相符。风险高的区域纯费率高，风险低的区域纯费率低。保险赔付的原则是风险越高，保险纯费率就越高。因此，为了避免因整个研究区设置统一费率而造成严重的基差风险，本部分根据不同风险区进行纯费率厘定研究，对不同的风险区采用不同的纯费率。

6.4　本章小结

与传统农业保险、区域产量保险相比，天气指数保险具有明显的优势：

较好地克服了道德风险和逆向选择问题；能承保指定风险，在风险控制上效率更高；减少了理赔纠纷，赔付直接明了、公正及时；经营管理成本降低，提高了承保理赔效率，降低了附加费率；保险产品透明且标准化，流通性增强，保险接受程度高等。

草原湿度指数保险的触发值确定、费率厘定的方法是：基于概率分布理论，在一定的赔付概率下确定触发值；基于统计理论和方法设计湿度测度指标，测算低湿度引致风险的严重程度；计算气候减产率，反映牧草因天气灾害风险而减产的程度；利用计量经济分析方法，确立气候减产率关于湿度测度指标的定量关系；基于分布理论，测算湿度测度指标的期望值；根据湿度测度指标对气候减产率的影响程度以及湿度测度指标的期望值，利用参数法厘定湿度天气指数保险的纯费率。

以锡林郭勒草原为例，基于前文风险区划的结果，利用1960—2020年的气象数据和2000—2019年的牧草产量数据，使用指数模型法确定湿度指数保险的触发值并厘定纯费率，研究表明，（1）从纯费率的时间变化来看，无论保障水平是40%还是60%，1~6月的纯费率普遍高于7~12月的纯费率。（2）从纯费率的空间分异来看，高风险区纯费率高，低风险区纯费率低。

应用天气指数保险可能带来的最大问题就是基差风险。在数据支持的前提下，选择的区域越小，时间相对越短，天气指数对该区域的代表性就会越大，确定的触发值就会越合理，厘定的费率就会越准确，从而尽可能地降低基差风险。

7　主要结论与政策建议

7.1　主要结论

本书基于四个研究问题，一是草原综合风险的空间分异规律如何，二是适用于草原的保险产品类型是什么，三是草原指数保险的指数如何确定，四是如何科学合理地厘定草原湿度指数保险费率，得出以下几点研究结论。

7.1.1　锡林郭勒草原可分为四个风险区

草原综合风险区划是草原保险实施的重要前提，其对草原保险的发展具有重要作用。本书在灾害系统理论的风险四要素说的基础上选取了承灾体的脆弱性指标（单产减产率和减产率变异系数）、致灾因子和孕灾环境的危险性指标（旱灾风险、火灾风险、雪灾风险、人为风险及多重风险相互作用强度）、暴露性指标（植被覆盖度）和防灾减灾能力（地区生产总值、公路里程、打贮草总量、机电井眼数和畜棚面积），结合系统聚类分析法和 K－mean 聚类分析法对锡林郭勒草原综合风险进行区划，并对区划结果进行检验，最终区划结果是苏尼特左旗、苏尼特右旗、镶黄旗和二连浩特市为为极高风险区；阿巴嘎旗、锡林浩特市和西乌旗为高风险区；东乌旗为中风险区，正镶白旗、正蓝旗、太仆寺旗和多伦县为低风险区。

7.1.2　指数保险产品适用于中国草原

从保险理论分析发现，草原指数保险产品是适用于草原的保险产品类型，因为保险需求者会根据理解度、营销者的宣传水平和对保险机构的信任程度选择保险产品类型，保险供给者主要根据成本高低、操作难易程度来选择保险产品类型，从而确定保险产品为指数型。参考国际发展经验，借鉴美国草原保险保障机制，基于中国草原现状及草原风险状况，研究发现，指数保险产品类型符合中国草原特点和保险经营规律。美国草原保险发展历史较长，经历了损失补偿类保险、区域指数保险、天气指数保险和遥感指数保险的转变过程，最终市场的选择发现，气象指数保险更符合草原特点，有利于承保机构操作和经营。但指数保险选择适宜的指数较为困难，合理地设计指数是降低基差风险的关键。因此，科学合理地选择指数和设计指数是保险合约设计的基础。

7.1.3 湿度指数适用于草原指数保险产品

本书理论和实证研究表明，草原指数保险的最优指数为湿度。从整个草原生态系统角度来看，草原风险的可能来源有生态环境、经营者、消费者和分解者，草原是生产者，草原生态系统各要素与草原之间是相互依存的共生关系，但同时又是草原风险的贡献者。草原生态环境是气象灾害风险的主要来源，草原消费者和分解者是生物灾害风险的主要来源，草原经营者是人为风险的主要来源。分析各种草原风险形成原因发现，气象因子是草原风险的关键因子，草原生产力下降是各类风险损失的直接结果。实证分析发现，与人为指数相比，气象指数更能完整刻画草原风险损失，即气象指数优于人为指数。按照牧草生长季（4 ~ 9 月）和非生长季划分，牧草生长季风险形成的关键气象指数为湿度和气温，牧草非生长季风险形成的关键气象指数为日照、气温和湿度。与其他指数相比，相对湿度指数对草原风险损失的解释能力最强，综上所述，草原指数保险选取的指数为湿度。

7.1.4 1 ~ 6 月纯费率高于 7 ~ 12 月的纯费率

纯费率厘定结果发现，第一，月度相对湿度纯费率比年度相对湿度纯费率更具有代表性，因此，月度保险费率更加贴近实际。第二，纯费率的时间变化趋势是 1 ~ 6 月湿度指数保险的纯费率普遍高于 7 ~ 12 月的纯费率。第三，保障水平越高，纯费率越高。从实际测算结果可以看出，对于各月纯费率来说，保障水平为 60% 时的纯费率都显著高于保障水平为 40% 时的纯费率。这是因为对于湿度天气指数保险来说，保障水平越高，湿度触发值就越小，则湿度测度指标就越大，其期望值也越大，对单产降低的影响就越大，纯费率就越高。

7.1.5 风险等级高纯费率高

从空间分布来看，纯费率空间差异显著，无论是在40%的保障水平，还是在60%的保障水平下，草原湿度指数保险的纯费率在锡林郭勒草原极高风险区最高，高风险区次之，中风险区和低风险区的纯费率最低。锡林郭勒草原东部和西部纯费率高，中部和南部纯费率低。一般来说，风险高的区域纯费率高，风险低的区域纯费率低，保险赔付的原则是风险越高，保险纯费率就越高。依据锡林郭勒各地区的风险状况来看，这样的分区费率与现实相符。

7.2 政策建议

根据上述研究结论，本书提出以下研究制定草原保险示范性条款、完善草原保险制度的若干具有可操作性的对策和建议。

7.2.1 风险评估和区划是保险合约精细化设计的前提和基础

保险设计的基本原则之一是“风险一致性”，也就是风险分散的代价要与风险大小相匹配，在考虑到数据支持和承保机构运营成本的情况下，应尽可能地做到风险与费率对等，以减少风险和费率不对等导致的道德风险和逆向选择的发生。因此，在设计保险产品之前，需要研究和估计不同区域风险的特征和规律，基于各区域风险分布规律的特征准确地厘定费率。

7.2.2 不同风险区、不同保障水平下不同月份的费率更符合风险原则

费率与风险对等和最大需求满足是保险设计的基本原则。与传统农业保险中所有区域费率一致相比，根据草原各区域的资源禀赋、自然条件和社会经济条件的差异划分不同的风险等级，在每个风险等级下分别厘定费率，可以进一步满足风险与费率对等的原则，减少风险与费率不对等导致的逆向选择的发生。此外，提供多个保障水平的草原保险，可以满足不同

类型生产者对草原的保障需要。同时，提供1～12月逐月的费率，可以减少因指数季节性差异导致的风险与费率不对等的问题，也就是说，若全年用同一个费率，生产者会认为非生长季对牧草生长影响不大，不愿意投保，而设计1～12月的逐月费率可以供牧户自由选择，进一步满足不同生产者的保障需求。

7.2.3 从分散特定风险的草原保险向分散特定致灾因子转变

一方面，草原保险从分散风险向分散致灾因子转变可以提高保险保障效率。草原多重风险的相互作用机制显著，因此，在进行草原风险管理时不应该集中于某一种风险，而应找到多种风险的共同致灾因子，管理或控制多种风险的共同致灾因子可以同时管理多种风险，可以在一定程度上提高保险的保障效率。同时，在财政资金补贴保费的背景下，分散多种风险致灾因子的保险产品可以提高财政资金的利用效率。另一方面，保障致灾因子可以解决因数据的质量低和数量不足导致的产品难以设计或设计难以精细化等问题。在新产品设计初期，往往会出现历史风险损失数据不足、难以设计保险的问题，一般而言，构建致灾因子多基于具有长时间序列、小空间尺度的客观气象数据或遥感数据，基于这类数据构建的致灾因子来设计指数可以弥补保险设计前期数据数量不足和质量低等不足。

7.2.4 提高数据数量和质量，建立多源数据融合的信息平台

保险合约设计的关键基础是数据，从非寿险精算理论来说，第一，越长的时间序列越有利于纳入更多的异常值，使指数设计和费率厘定更加精确。第二，越细化的空间尺度，越有利于降低指数保险的基差风险。第三，数据质量越高，对风险损失的解释能力越强，指数设计和费率厘定更准确。第四，多源数据融合平台的建立需要多方面的数据，包括地理信息数据、气象数据、社会经济数据、灾害数据、承保理赔数据、巨灾损失数据和遥感数据等，同时，收集历年参保者信息也很重要，这就要求在承保理赔阶段精准化，投保人需要报告地块相关的详细信息。此外，大量数据分散在不同机构，数据标准不统一，数据整合难度大。多源数据融合的信息平台是中国草原保险制度建设的关键。

7.2.5 强化制度支持，构建草原保险体系

制度支持是草原保险制度实施、持续和健康发展的关键。中国草原的旱灾风险、火灾风险、雪灾风险及人为风险是威胁草原生态安全、破坏草原生态环境、制约草原发挥其生态服务功能和抑制草原畜牧业可持续发展的主要原因。首先，需要测度草原风险，但是存在一定的技术壁垒。其次，草原风险对草原生态安全和草原畜牧业生产的危害巨大。然而至今为止，政策性草原保险保障在中国仍处于初级阶段。从草原生态性和草原畜牧业的可持续发展角度出发，应尽快设计国家级别的政策性草原保险，为草原生态安全及草原畜牧业生产提供更全面的风险保障。对于草原保险的经营模式，可以借鉴美国草原指数保险或者巨灾保险的模式，商业保险公司出售保险单，收取保费并进行赔付工作，对于收益无法弥补赔偿的部分，财政将给予一定的保费差额补偿。若保险公司在业务上盈利，其收益归政府所有。同时，为了鼓励保险公司参与的积极性，并加大保险的宣传展业工作，财政应提供一定的税收优惠。

参考文献

[1] Barnett B J, Black J R, Hu Y, et al. Is Area Yield Insurance Competitive with Farm Yield Insurance? [J]. Journal of Agricultural & Resource Economics, 2005, 30 (2): 285 - 301.

[2] Barnett B J, Mahul O. Weather Index Insurance for Agriculture and Rural Areas in Lower - income Countries [J]. American Journal of Agricultural Economics, 2007, 89 (5): 1241 - 1247.

[3] Botts R R, Boles J N. Use of Normal - Curve Theory in Crop Insurance Ratemaking [J]. Journal of Farm Economics, 1958, 40 (3): 733 - 740. DOI: 10.2307/1235383.

[4] Carriquiry MA, Daniel E Osg′ood. Index insurance, probabilistic climate forecasts, and production [J]. Journal of Risk & Insurance, 2012, 79 (1): 287 - 300.

[5] Carter M, De Janvry A, Sadoulet E, et al. Index Insurance for Developing Country Agriculture: A Reassessment [J]. Annual Review of Resource Economics, 2017, 9 (1): 1 - 18.

[6] Challinor A J, Wheeler T R, Slingo J M, et al. Quantification of Physical and Biological Uncertainty in the Simulation of the Yield of Atropical Crop Using Present - day and Doubled CO_2 Climates [J]. Philosophical Transactions of the Royal Society B: Biological Sciences, 2005, 360 (1463): 2085 - 2094.

[7] Chantarat S, Mude A G, Barrett C B, et al. Designing Index Based Livestock Insurance for Managing Asset Risk in Northern Kenya [J]. Journal of Risk & Insurance, 2011, 80 (1): 205 - 237.

[8] Chung S W, Gassman P W, Huggins D R, et al. EPIC Tile Flowand Nitrate Loss Predictions for Three Minnesota Cropping Systems [J]. Journal of

Environmental Quality, 2001, 30 (3): 21-25.

[9] Claassen R, Just R E. Heterogeneity and Distributional Form of Farm-Level Yields [J]. American Journal of Agricultural Economics, 2011, 93 (1): 144-160.

[10] Coble K H, Anderson J D, Thomas S E, et al. Comparing Commodity Programs under the 2002 Farm Bill to the USDA Proposal for Marketing Loan, Direct Payment, and Counter-Cyclical Payment Programs [J]. Western Economics Forum, 2007, 6 (2): 98-101.

[11] Cummins J D, Derrig R A. Managing the Insolvency Risk of Insurance Companies: Proceedings of the Second International Conference on Insurance Solvency [J]. 1991. DOI: 10.1007/978-94-011-3878-9.

[12] Diersen M, Fausti S. Trade-offs in the Pasture, Rangeland and Forage Rainfall Index (PRF-RI) Insurance Purchase Decision [C]. 2017 Agricultural and Rural Finance Markets in Transition, Minneapolis, Minnesota, October2-3, 2017.

[13] Doherty N A, Richter A. Moral Hazard, Basis Risk, and Gap Insurance [J]. Journal of Risk & Insurance, 2003, 69 (1): 9-24.

[14] Duggan J M, Eichelberger B A, Shan M, et al. Informing Management of Rare Species with An Approach Combining Scenario Modeling and Apatially Explicit Risk Assessment [J]. Ecosystem Health & Sustainability, 2016, 1 (6): 1-18.

[15] Finger R. Biases in Farm Level Yield Risk Analysis Due to Data Aggregation [J]. German Journal of Agricultural Economics, 2015, 61 (1): 30-43.

[16] Goodrich B, Yu J, Vandeveer M. Participation Patterns of the Rainfall Index Insurance for Pasture, Rangeland and Forage Programme [J]. The Geneva Paperson Risk and Insurance - Issues and Practice, 2020, 45 (1): 29-51.

[17] Goodwin B K, Ker A P. Nonparametric Estimation of Crop Yield Distributions: Implications for Rating Group-Risk Crop Insurance Contracts [J].

American Journal of Agricultural Economics, 1998, 80 (1): 139 - 153.

[18] Goodwin B K, Mahul O. Risk Modeling Concepts Relating to the Design and Rating of Agricultural Insurance Contracts [R]. Policy Research Working Paper Series, 2004.

[19] Goodwin K B K. Nonparametric Estimation of Crop Insurance Rates Revisited [J]. American Journal of Agricultural Economics, 2000, 82 (2): 463 - 478.

[20] Goudriaan J, Keulen V H, Laar V H H. Crop Growth Model for Potential Production (SUCROS1) [Z]. 1997.

[21] Guo Xinya, et al. Farmers´Willingness to Pay a High Premium for Different Types of Agriculture Insurance—Evidence from Inner Mongolia, China [J]. Discrete Dynamics in Nature and Society, 2022 (6): 1 - 9.

[22] Hans P Binswanger - Mkhize. Is There Too Much Hype about Index - based Agricultural Insurance? [J]. Journal of Development Studies, 2012, 48 (2): 187 - 200.

[23] Antón J, Cattaneo A, Kimura S, et al. Agricultural Risk Management Policies under Climate Uncertainty [J]. Global Environmental Change, 2013, 23 (6): 1726 - 1736.

[24] James S. Trieschmann, et al. Risk Management and Insurance [M]. Dongbei University of Finance and Economics Press, 2002.

[25] Jensen N D, Mude A G, Barrett C B. How Basis Risk and Spatio Temporal Adverse Selection Influence Demand for Index Insurance: Evidence from Northern Kenya [J]. Food Policy, 2018, 74: 172 - 198.

[26] Ker Alan P, Coble Keith. Modeling Conditional Yield Densities [J]. American Journal of Agricultural Economics, 2003, 85 (2): 291 - 304.

[27] King R P, Black J R, Benson F J, et al. The Agricultural Risk Management Simulator Microcomputer Program [J]. Journal of Agricultural and Applied Economics, 1988, 20.

[28] Lee J, Nadolnyak D A. The Impacts of Climate Change on Agricultural Farm Profits in the U. S [C] //Agricultural and Applied Economics Associa-

tion. Agricultural and Applied Economics Association, 2012.

[29] Lobell D B, Burke M B. On the Use of Statistical Model Stop Redict Crop Yield Responses to Climate Change [J]. Agricultural and Forest Meteorology, 2010, 150 (11): 14 - 52.

[30] Lu H, Zhang, Liu S. Risk Assessment to China's Agricultural Drought Disaster in County Unit [J]. Natural Hazards, 2012, 61 (2): 785 - 801.

[31] Mahul O, Skees J. Managing Agricultural Risk at the Country Level: The Case of Index - Based Livestock Insurance in Mongolia [J]. Social Science Electronic Publishing, 2010 (37): 1 - 37.

[32] Miranda M J. Area - Yield Crop Insurance Reconsidered [J]. American Journal of Agricultural Economics, 1991, 73 (2): 233 - 242.

[33] Miranda M J, Farrin K. Index Insurance for Developing Countries [J]. Applied Economic Perspectives and Policy, 2012, 34 (3): 391 - 427.

[34] Mishra A K, Nimon R W, El - Osta H S. Is Moral Hazard Good for the Environment? Revenue Insurance and Chemical Input Use [J]. Journal of Environmental Management, 2005, 74 (1): 11 - 20.

[35] Nadolnyak D A, Vedenov D V. Designing Rainfall Insurance Contracts for Pasture, Rangeland, and Forage [C] //2010 Annual Meeting, Orland, Florida. Southern Agricultural Economics Association, 2010.

[36] Nadolnyak D A, Vedenov D V. Information Value of Climate Forecasts for Rainfall Index Insurance for Pasture, Rangeland, and Forage in the Southeast United States [J]. Journal of Agricultural and Applied Economics, 2013, 45 (1): 109 - 124.

[37] O'Mara F P. The Role of Grasslands in Food Security and Climate Change [J]. Ann Bot, 2012, 110 (6): 1263 - 1270.

[38] Pane Stojanovski, Weimin Dong, Ming Wang, et al. Agricultural Risk Modeling Challenges in China: Probabilistic Modeling of Rice Losses in Hunan Province [J]. International Journal of Disaster Risk Science, 2015, 6 (4): 335 - 346.

[39] Artur Raviv. The Design of an Optimal Insurance Policy [J]. American Economic Review, 1979, 69 (69): 84-96.

[40] RMA. Area Risk Protection Insurance Forage Crop Insurance Provisions [R/OL]. 2017. https://www.rma.usda.gov/Policy-and-Procedure/Insurance-Plans/Area-Risk-Protection-Insurance.

[41] RMA. Rainfall and Vegetation Index Insurance Standards Handbook [R/OL]. [2019-08a]. https://www.rma.usda.gov/-/media/RMA/Handbooks/Coverage-: Plans---18000/Rainfall-and-Vegetation-Index---18150/2020-18150-Rainfall-and-Vegetation-Index-Handbook.ashx? la=en.

[42] RMA. Rainfall and Vegetation Index Plan Common Policy [R/OL]. [2019-08b]. https://www.rma.usda.gov/Policy-and-Procedure/Insurance-Plans/Pasture-Rangeland-Forage.

[43] RMA. Rainfall Index Plan Annual Forage Crop Provisions [R/OL]. 2019d. https://www.rma.usda.gov/-/media/RMA/Policies/Rainfall-Index/2020/Rainfall-Index-Plan-Annual-Forage-Crop-Provisions-20-RI-AF.ashx? la=en.

[44] United States Department of Agriculture. RMA. Summary of Business [R/OL]. 2019e. http://www.rma.usda.gov/data/sob.html.

[45] RMA. Summary of Changes for the Forage Production Crop Provisions [R/OL]. 2001. https://www.rma.usda.gov/Policy-and-Procedure/Insurance-Plans/Actual-Production-History.

[46] RMA. Summary of Changes to Annual Forage for 2020 Crop Year [R/OL]. 2019c. https://www.rma.usda.gov/Policy-and-Procedure/Insurance-Plans/Annual-Forage.

[47] RMA. Summary Overview of Rainfall Index Insurance Plan for Pasture, Rangeland, and Forage [R]. 2007. https://www.rma.usda.gov/Policy-and-Procedure/Insurance-Plans/Pasture-Rangeland-Forage.

[48] Roberts R A J. Insurance of Crops in Developing Countries [A]. FAO Agricultural Services Bulletin No. 159, Rome: FAO, 2005.

[49] Schlenker W, Roberts M J. Nonlinear Temperature Effects Indicate Severe Damages to U. S. Crop Yields under Climate Change [J]. Proceedings of the National Academy of Sciences, 2009, 106 (37): 15594 – 15598.

[50] Selasco E J, Hunger ford A E. Examining the Design and Use of the Pasture, Rangeland, Forage (PRF) Program [C] // Western Economics Forum. Western Agricultural Economics Association, 2018.

[51] Semenov M A, Porter J R. Climate variability and the modeling of crop yields [J]. Agricultural and Forest Meteorology, 1995, 73 (3 – 4): 265 – 283.

[52] Skees J P, Hazell and M. Mir and a, 1999, "New Approaches to Crop Yield Insurance in Developing Countries", EPTDD iscussion Paper No. 55, [R]. International Food Policy Research Institute.

[53] Skees J R, Black J R, Barnett B J. Designing and Rating an Area Yield Crop Insurance Contract [J]. American Journal of Agricultural Economics, 1997, 79 (2): 430 – 438.

[54] Skees Jerry R. Challenges for Use of Index – based Weather Insurance in Lower Income Countries [J]. Agricultural Finance Review, 2008, 68 (1): 197 – 217.

[55] Stojanovski P, Dong W, Wang M, et al. Agricultural Risk Modeling Challenges in China: Probabilistic Modeling of Rice Losses in Hunan Province [J]. International Journal of Disaster Risk Science, 2015.

[56] Tao Ye, Yijia Li, Yu Gao, Jiwei Wang, Miluo Yi. Designing index – based Livestock Insurance for Managing Snow Disaster Risk in Eastern Inner Mongolia, China [J]. International Journal of Disaster Risk Reduction, 2017, 23: 160 – 168.

[57] Liu T. Study on the Influence of Commercial Credit on Technological Innovation of Enterprises [M]. Beijing: China Social Sciences Press, 2021.

[58] Tsuji G Y, Hoogenboom G, Thornton P K. Understanding Options for Agricultural Production [M]. Dordrecht: Springer, 1998.

[59] Tubiello F, Rosenzweig C, Goldberg R, et al. Effects of Climate

Change on US Crop Production: Simulation Results Using Two Different GCM Scenarios. Part I: Wheat, Potato, Maize, and Citrus [J]. Climate Research, 2002, 20 (3): 259-270.

[60] Wang Z, He F, Fang W, et al. Assessment of Physical Vulnerability to Agricultural Drought in China [J]. Natural Hazards, 2013, 67 (2): 645-657.

[61] Warren R B D. Density Estimation for Statistics and Data Analysis By B. W. Silverman [J]. Journal of the Royal Statistical Society. Series A (General), 1987, 150 (4): 403-404.

[62] Willemijn Vroege, Tobias Dalhaus, Robert Finger, Index Insurances for Grasslands-A Review for Europe and North-America [J]. Agriculture System, 2019, 168: 101-111.

[63] Wu Z, Xu H, Li Y, et al. Climate and Drought Risk Region Alisation in China Based on probabilistic aridity and drought index [J]. Science of The Total Environment, 2018, 612: 513-521.

[64] Xiao Yugu, Yao Jing. Double Trigger Agricultural Insurance Products with Weather Index and Yield Index [J]. China Agricultural Economic Review, 2019, 11 (2): 299-316.

[65] Ye T, Li Y, Gao Y, et al. Designing Index-based Livestock Insurance for Managing Snow Disaster Risk in Eastern Inner Mongolia, China [J]. International Journal of Disaster Risk Reduction, 2017, 23: 160-168.

[66] Zanini F C, Sherrick B J, Schnitkey G D, et al. Crop Insurance Valuation under Alternative Yield Distributions [J]. American Journal of Agricultural Economics, 2004, 86 (2): 406-419.

[67] Zargar A, Sadiq R, Naser B, et al. A Review of Drought Indices [J]. Environmental Reviews, 2011, 19 (1): 333-349.

[68] 巴图娜存，胡云锋，艳燕，刘纪远. 1970年代以来锡林郭勒盟草地资源空间分布格局的变化 [J]. 资源科学，2012，34 (6): 1017-1023.

[69] 曹正奇. 锡林郭勒盟2000—2017年产草量时空特征及草畜平衡

分析［D］. 呼和浩特：内蒙古大学硕士学位论文，2019.

［70］柴智慧. 农业保险的农户收入效应、信息不对称风险［D］. 呼和浩特：内蒙古农业大学博士学位论文，2014.

［71］陈国荣，邵豹伟，秦涛等. 基于风险区划的我国森林火灾险费率厘定研究［J］. 价格理论与实践，2017（08）：116－119.

［72］陈活泼，孙建奇. 人类活动加剧了我国高温干旱事件的发生［C］//. 第34届中国气象学会年会S6东亚气候多时间尺度变异机理及气候预测论文集. 中国气象学会，2017：1.

［73］陈晶，兰剑，俞鸿千. 气候因子对宁夏干旱、半干旱区天然草地第一性生产力的影响［J］. 广东农业科学，2014，41（16）：45－49.

［74］陈凯，黄滋才. 基于期望效用与前景理论的行为决策精算定价模型［J］. 保险研究，2017（1）：56－67.

［75］陈平，陶建平，赵玮. 基于风险区划的农作物区域产量保险费率厘定研究——以湖北中稻县级区域产量保险为例［J］. 自然灾害学报，2013，22（2）：51－60.

［76］陈强. 高级计量经济学及Stata应用（第二版）［M］. 北京：高等教育出版社，2014.

［77］陈盛伟，李彦. 区域性苹果低温冻害气象指数保险产品设计——以山东省栖霞市为例［J］. 保险研究，2015（12）：78－87.

［78］陈世荣. 草原火灾遥感监测与预警方法研究［D］. 北京：中国科学院研究生院（遥感应用研究所）博士学位论文，2006.

［79］陈舒婷，郭兵，杨飞，韩保民，范业稳，杨潇，何田莉，刘悦，杨雯娜. 2000—2015年青藏高原植被NPP时空变化格局及其对气候变化的响应［J］. 自然资源学报，2020，35（10）：2511－2527.

［80］陈新建，陶建平. 湖北省水稻生产风险区划的实证研究［J］. 统计与决策，2008（19）：3.

［81］陈毅恒. 风险管理精义［M］. 北京：中国统计出版社，2006.

［82］陈佐忠，汪诗平. 中国典型草原生态系统［M］. 北京：科学出版社，2000.

［83］储小俊，曹杰. 农业天气风险管理及产品定价研究［J］. 统计

与信息论坛，2015，30（5）：99－104.

［84］崔猛，金武鹏，骆岩，王新宇，高英志．放牧对草原地下根系生产和根系动态影响的研究进展［J］．饲料研究，2020，43（4）：102－106.

［85］代立芹，于长文，康西言，等．河北省冬小麦春季霜冻害发生规律及风险分析［J］．干旱区资源与环境，2014（5）：137－142.

［86］翟家齐，赵勇，裴源生，蒋桂芹，肖伟华．气候变化与人类活动对流域水文干旱的影响评估——以海河北系为例［M］//变化环境下的水科学与防灾减灾——第十二届中国水论坛论文集．北京：中国水利水电出版社，2014：6.

［87］丁大巍，王珺，高峰．最优免赔额定价分析［J］．保险研究，2009（8）：51－56.

［88］董振华，张继权，佟志军，等．锡林郭勒盟草原雪灾社会影响评价［J］．自然灾害学报，2016，（2）：61－70.

［89］都瓦拉．内蒙古草原火灾监测预警及评价研究［D］．北京：中国农业科学院博士学位论文，2012.

［90］杜忠毓，安慧，王波，文志林，张雅柔，吴秀芝，李巧玲．养分添加和降水变化对荒漠草原植物群落物种多样性和生物量的影响［J］．草地学报，2020，28（4）：1100－1110.

［91］方春银．非传统的风险转移方式的研究［D］．天津：南开大学博士学位论文，2001.

［92］房连泉．建立可持续的基本养老保险待遇指数化调整机制研究——来自国际案例的经验启示［J］．人口学刊，2018，40（5）：66－77.

［93］刚成诚．全球草地生产力时空动态定量评估及其驱动因素分析［D］．南京：南京大学博士学位论文，2015.

［94］高策．内蒙古东部地区草原火时空分布格局及影响因素研究［D］．长春：东北师范大学硕士学位论文，2016.

［95］高旭东．中国海水养殖风险区划与保险费率分区研究［D］．大连：东北财经大学博士学位论文，2019.

[96] 郭新雅，赵元凤，弓宇飞，Muhammad Umer Arshad. 天然草原综合风险评估与区划研究——基于多重风险相互作用的视角［J/OL］. 中国农业资源与区划［2022－06－24］. https：//kns. cnki. net/kcms/detail/11. 3513. 5. 2022. 06. 23. 1537. 023. html.

[97] 郭新雅，赵元凤. 我国草地保险保障机制研究与实践——来自美国的经验启示［J］. 金融理论与实践，2022（1）：99－107.

[98] 哈林顿（Scott E. Harrington），汉斯（Gregory R. Niehaus）. 风险管理与保险（第2版）［M］. 北京：清华大学出版社，2005.

[99] 哈斯，张继权，郭恩亮，乌日娜，马齐云，王永芳. 基于贝叶斯网络的草原干旱雪灾灾害链推理模型研究［J］. 自然灾害学报，2016，25（4）：20－29.

[100] 韩成吉，王国刚，朱立志. 国外草牧业发展政策及其启示［J］. 世界农业，2020（1）：49－57.

[101] 红英. 积雪对草原火发生的影响研究［D］. 长春：东北师范大学硕士学位论文，2016.

[102] 侯扶江，王春梅，娄珊宁，侯向阳，呼天明. 我国草原生产力［J］. 中国工程科学，2016，18（1）：80－93.

[103] 侯向阳，李西良，高新磊. 中国草原管理的发展过程与趋势［J］. 中国农业资源与区划，2019，40（7）：1－10.

[104] 侯向阳. 中国草原科学（上）［M］. 北京：科学出版社，2013.

[105] 侯向阳. 中国草原科学（下）［M］. 北京：科学出版社，2013.

[106] 侯学煜. 中国植被地理及优势植物化学成分［M］. 北京：科学出版社，1982.

[107] 胡红霞. 内蒙古草原畜牧业自然灾害保险体系构建研究［D］. 呼和浩特：内蒙古大学硕士学位论文，2010.

[108] 黄崇福. 用信息扩散模型改进台风风险估计［J］. 系统工程理论与实践，2018，38（9）：2315－2325.

[109] 黄季焜，任继周. 中国草地资源、草业发展与粮食安全［M］. 北京：科学出版社，2017.

[110] 黄倩，花立民，曹慧，刘宗祥，王俊梅. 甘肃草原鼠害区划研

究［J］．草业科学，2009，26（2）：91－99.

［111］黄鑫，刘建红，申克建，刘咏梅，王雷．基于MODIS的青海草地产草量变化遥感分析［J］．干旱区地理，2020，43（3）：715－725.

［112］黄训兵，吴惠惠，秦兴虎，曹广春，王广君，农向群，涂雄兵，格希格都仁，贺兵，额尔登巴图，乌亚汗，张泽华．基于投影寻踪模型的草原蝗虫栖境评价及风险评估［J］．草业学报，2015，24（5）：25－33.

［113］贾建英，韩兰英，万信，刘文婧．甘肃省冬小麦干旱灾害风险评估及其区划［J］．干旱区研究，2019，36（6）：1478－1486.

［114］姜莉，玉山，乌兰图雅，都瓦拉．草原火研究综述［J］．草地学报，2018，26（4）：791－803.

［115］孔高文，刘莎莎，孔东民．机器人与就业——基于行业与地区异质性的探索性分析［J］．中国工业经济，2020（8）：80－98.

［116］兰明才，周莉，刘红武，周盛，丁玄，彭月，周长青．长沙地区干旱时空分布特征及其对森林火灾的影响［J］．安徽农业科学，2017，45（29）：174－179.

［117］郎艳怀．保险精算理论及应用研究［D］．大连：大连理工大学博士学位论文，2002.

［118］逯苗苗，宿玉海．网络嵌入视角下中国制造业企业高质量发展研究［M］．北京：经济科学出版社，2021.

［119］李文芳，方伶俐．农作物县域产量保险风险区划实证研究［J］．生态经济，2013（11）：113－115.

［120］李冰，张志涛，谭淑豪，王建浩，张欣晔，张宁．完善草原生态保护政策机制促进林草体制机制融合发展［J］．林业经济，2019，41（4）：3－9.

［121］李春杰．牧草病害［J］．草原与草业，2020，32（3）：67.

［122］李方，连芳．灾害链的多角度分类［C］//中国地理学会．地理学核心问题与主线——中国地理学会2011年学术年会暨中国科学院新疆生态与地理研究所建所五十年庆典论文摘要集，中国地理学会，2011：34.

［123］李恒琦．非寿险精算［M］．成都：西南财经大学出版

社，2004.

［124］李慧．人类活动引起气候变暖对北美大干旱影响巨大［J］．水利水电快报，2020，41（5）：4.

［125］李健梅，贾源源，段博儒．灾害链学术思想的提出及两个概念概述［J］．地震工程学报，2020，42（6）：1735－1738.

［126］李晶．内蒙古自治区干旱灾害时空分布规律及预测研究［D］．呼和浩特：内蒙古农业大学硕士学位论文，2010.

［127］李岚，侯扶江．我国草原生产的主要自然灾害［J］．草业科学，2016，33（5）：981－988.

［128］李频，胡明形．福建省森林火灾和病虫害损失分布拟合的应用研究［J］．市场研究，2018（5）：41－44.

［129］李频，张慧，胡明形．基于风险分区的福建省森林火灾与病虫害联合损失分布的研究［J］．林业经济，2019，41（6）：110－116.

［130］李琴英．小麦区域产量保险费率厘定实证研究——以河南省为例［J］．郑州大学学报（哲学社会科学版），2016（3）：67－72.

［131］李先东，李录堂，苏岚岚，夏咏．牧民草场流转的收入效应分析［J］．农业技术经济，2019（11）：104－115.

［132］李晓林．改革开放40年中国保险精算的辉煌成就［J］．保险研究，2018（12）：110－117.

［133］李兴华，朝鲁门，刘秀荣，等．内蒙古牧区雪灾的预警［J］．草业科学，2014，31（6）：1195－1200.

［134］李亚．非寿险精算的数理统计应用［D］．武汉：华中师范大学硕士学位论文，2015.

［135］李亚．草原牧区牛羊旱灾指数保险产品优化研究［D］．成都：西南财经大学硕士学位论文，2019.

［136］李亚茹，孙蓉，刘震．农产品期货价格险种设计与定价——基于随机波动率模型的欧亚期权［J］．财经科学，2018（3）：14－28.

［137］李燕燕．青藏高原旱、雪灾特征及其与大气环流的关联性探究［D］．西宁：青海师范大学硕士学位论文，2020.

［138］李燚平．多尺度草原火发生模型研究［D］．长春：东北师范

大学硕士学位论文，2018.

［139］李懿珈，叶涛，德庆卓嘎，尹怡炜，拉巴．基于遥感植被指数的西藏那曲地区畜牧业旱灾指数保险产品设计研究［J］．农业现代化研究，2018，39（4）：680－688.

［140］李颖，龚吉蕊，刘敏，侯向阳，丁勇，杨波，张子荷，王彪，朱趁趁．不同放牧强度下内蒙古温带典型草原优势种植物防御策略［J］．植物生态学报：2020，44（6）：642－653.

［141］李勇权．农险精算［M］．天津：南开大学出版社，2021.

［142］李元春，侯蒙京，葛静，冯琦胜，梁天刚．甘南和川西北地区草地植被 NDVI 变化及其驱动因素研究［J］．2020，28（6）：1690－1701.

［143］李宗龙．自然灾害灾情指数构建及其期权定价研究［J］．统计与决策，2015（6）：149－152.

［144］励汀郁，谭淑豪．干旱冲击下草地租赁对草场退化及牧户生计的影响［J］．中国人口·资源与环境，2020，30（3）：161－167.

［145］连锦泉，王栋贵．保险的社会影响研究综述［J］．保险研究，2015（7）：98－105.

［146］梁来存，周勇．气温天气指数保险的费率厘定——以粮食作物为例［J］．统计与信息论坛，2019，34（8）：57－65.

［147］梁来存．降水量保险的定价探究——以粮食作物为例［J］．湖南师范大学社会科学学报，2020，49（6）：44－50.

［148］梁来存．粮食作物洪涝保险的触发值确定与费率厘定［J］．数量经济技术经济研究，2020，37（9）：160－177.

［149］梁来存．日照时间天气指数保险的费率厘定——以长沙县早稻作物为例［J］．财经理论与实践，2020，41（4）：25－30.

［150］梁来存．我国粮食保险纯费率厘定方法的比较与选择［J］．数量经济技术经济研究，2011（2）：125－135.

［151］梁来存．我国粮食单产保险纯费率厘定的实证研究［J］．统计研究，2010，27（5）：67－73.

［152］梁淑琪，王文圣，金菊良．农业干旱灾害风险模糊集对评价法及其应用［J］．水文，2019，39（1）：3－8.

［153］林琛琛．不同海平面上升情景模拟下海岸带灾害损失评估［D］．厦门：厦门大学硕士学位论文，2014.

［154］林慧龙，蒲彦妃，王丹妮，马海丽．草原指数保险：评述与中国方案设计［J］．草业学报，2021，30（8）：171－185.

［155］刘春晖．气候变化对阿拉善蒙古族传统畜牧业及其生计的影响研究［D］．北京：中央民族大学硕士学位论文，2013.

［156］刘静，肖宇谷，曾宇哲．基于指数效用函数的零息巨灾债券无差异定价［J］．保险研究，2018（8）：35－46.

［157］刘曼莉，李兴绪．非寿险精算中的数据尾部拟合与保费厘定［J］．统计与决策，2011（4）：14－18.

［158］刘苏．严重旱灾导致病虫害提早发生农业部紧急通知促农药生产［J］．农药市场信息，2009（5）：7.

［159］刘廷华．商业信用对企业技术创新的影响研究［M］．北京：中国社会科学出版社，2021：89－91.

［160］刘晓冉，康俊，王颖，等．基于GIS的重庆地区不同季节干旱灾害风险评估与区划［J］．自然灾害学报，2019，28（2）：92－100.

［161］刘亚洲．气象指数在农业保险中的应用［D］．南京：南京农业大学，2017.

［162］刘永志，唐雯雯，张文婷，张行南，牛帅．基于灾害链的洪涝灾害风险分析综述［J］．水资源保护，2021，37（1）：20－27.

［163］刘源．2014年全国草原监测报告［J］．中国畜牧业，2015（8）：18－31.

［164］栾存存．保险定价原则实证分析［J］．数理统计与管理，2001（1）：37－40.

［165］马梅，张圣微，魏宝成．锡林郭勒草原近30年草地退化的变化特征及其驱动因素分析［J］．中国草地学报，2017，39（4）：86－93.

［166］马明卫，韩宇平，严登华，张小丽．特大干旱事件灾害孕育机理及影响研究进展［J］．水资源保护，2020，36（5）：11－21.

［167］孟令晗，张靖岩，杨玲．商业综合体灾害链风险评估研究［J］．中国安全生产科学技术，2020，16（7）：43－47.

［168］孟生旺．非寿险精算学［M］．北京：中国人民大学出版社，2007.

［169］穆少杰，李建龙，杨红飞，刚成诚，陈奕兆．内蒙古草地生态系统近10年NPP时空变化及其与气候的关系［J］．草业学报，2013，22（3）：6－15.

［170］娜日斯，王海军．草原雪灾研究［J］．内蒙古草业，2011，23（2）：46－49.

［171］聂荣，宋妍．农业气象指数保险研究与设计——基于辽宁省玉米的面板数据［J］．东北大学学报（社会科学版），2018，109（3）：45－51，81.

［172］牛浩，陈盛伟．基于风险区划的玉米区域产量保险费率厘定研究——以山东省17地市为例［J］．保险研究，2016（1）：65－75.

［173］牛浩，陈盛伟．玉米风雨倒伏指数保险产品设计研究——以山东省宁阳县为例［J］．农业技术经济，2015，248（12）：101－110.

［174］裴源生，蒋桂芹，翟家齐．干旱演变驱动机制理论框架及其关键问题［J］．水科学进展，2013，24（3）：449－456.

［175］綦昕瑶，高路．不同地形条件下的台风灾害链致灾分析——以“利奇马”台风为例［J］．福建师范大学学报（自然科学版），2020，36（5）：74－83.

［176］秦景秀，郝兴明，张颖，花顶．气候变化和人类活动对干旱区植被生产力的影响［J］．干旱区地理，2020，43（1）：117－125.

［177］秦希．未来气候情景下内蒙古草原火发生研究［D］．长春：东北师范大学硕士学位论文，2019.

［178］任金鑫，肖慧娟，张超，陈达海，刘博，王秋华．持续干旱对森林火灾的影响研究综述［J］．内蒙古林业调查设计，2013，36（5）：135－138.

［179］萨如拉，张鑫，韩霄，于宏洲，代海燕，张秋良，张恒．1981—2015年内蒙古自治区草原火灾时空动态研究［J］．消防科学与技术，2019，38（3）：421－425.

［180］史培军，王季薇，张钢锋，等．透视中国自然灾害区域分异规

律与区划研究［J］．地理研究，2017，36（8）：1401－1414.

［181］史培军，吕丽莉，汪明，王静爱，陈文方．灾害系统：灾害群、灾害链、灾害遭遇［J］．自然灾害学报，2014，23（6）：1－12.

［182］史培军．三论灾害研究的理论与实践［J］．自然灾害学报，2002（3）：1－9.

［183］史培军．四论灾害系统研究的理论与实践［J］．自然灾害学报，2005（6）：1－7.

［184］史培军．五论灾害系统研究的理论与实践［J］．自然灾害学报，2009，18（5）：1－9.

［185］史培军．再论灾害研究的理论与实践［J］．自然灾害学报，1996（4）：8－19.

［186］史培军等．全国种植业保险区划［R］．中国保险监督管理委员会部级研究课题，2011.

［187］舒杨．草原鼠害的生态防治技术研究及其应用［D］．雅安：四川农业大学硕士学位论文，2014.

［188］宋凡，陈泽强，陈能成，等．一种洪涝灾害事件信息建模方法［J］．地球信息科学学报，2015，17（6）：644－652.

［189］苏日古嘎．基于静止气象卫星的草原火实时监测与预警研究［D］．呼和浩特：内蒙古师范大学硕士学位论文，2020.

［190］粟芳．非寿险精算［M］．北京：清华大学出版社，2006.

［191］孙宝军．内蒙古电力系统自然灾害链分析［J］．灾害学，2020，35（4）：8－12，47.

［192］孙鸿烈等．中国资源科学百科全书［M］．北京：中国大百科全书出版社，2000.

［193］孙婧，杨汭华．VAR 和 CTE 风险度量准则下农作物成数再保险的最优分保精算研究——兼对“封顶赔付”的思考［J］．农业技术经济，2014（6）：54－63.

［194］孙立娟，汪哲侃．精算思想的演进与精算理论发展综述［J］．统计与信息论坛，2013，28（1）：95－103.

［195］孙妍，Jing Yi，陈建成．生猪利润保险产品设计与定价研究

[J]．保险研究，2019（10）：19－34.

[196] 孙滢悦，杨青山，陈鹏，等．草原牧区雪灾应急救助需求系统动力学模型与实证研究 [J]．干旱区资源与环境，2016（6）：108－114.

[197] 谭淑豪，谭文列婧，励汀郁，朱勇，张巧云，刘博．气候变化压力下牧民的社会脆弱性分析——基于内蒙古锡林郭勒盟4个牧业旗的调查 [J]．中国农村经济，2016（7）：67－80.

[198] 谭淑豪．牧业制度变迁对草地退化的影响及其路径 [J]．农业经济问题，2020（2）：115－125.

[199] 陶红超，陈家金，陈志彪，黄川容，孙朝锋，吴立．基于危险性评估的福建省茶叶寒冻害保险费率厘定 [J]．中国生态农业学报（中英文），2020，28（11）：1778－1788.

[200] 田菁，张琅，袁佳子．农作物收入保险省及地市级定价研究——以辽宁省玉米、大豆为例 [J]．保险研究，2019（3）：103－115.

[201] 田玲，孙宁，杨琛．地震指数保险的帕累托最优赔付比例研究——以EQⅡ产品为例 [J]．保险研究，2019（6）：39－50，80.

[202] 庹国柱，王国军．中国农业保险与农村社会保障制度研究 [M]．北京：首都经济贸易大学出版社，2003.

[203] 庹国柱．拓展生态保险有效提升生态保护水平（下）[N]．中国保险报，2019－04－17（3）.

[204] 庹国柱．拓展生态保险有效提升生态保护水平（上）[N]．中国保险报，2019－04－16（3）.

[205] 汪丽萍．天气指数保险及创新产品的比较研究 [J]．保险研究，2016（10）：83－90.

[206] 王飞，姜文宇，刘彬彬，郑晓翠，房龄航．利用灾害链规则的灾害模型服务链编制方法 [J]．武汉大学学报（信息科学版），2020，45（8）：1168－1178.

[207] 王国军，赵小静．基于风险区划的农作物保险精细化费率厘定研究——以河南省县级小麦保险纯费率厘定为例 [J]．保险研究，2015（10）：23－32.

[208] 王静龙，汤鸣，韩天雄．非寿险精算 [M]．北京：中国人民

大学出版社，2004.

［209］王克，何小伟，肖宇谷，张峭．农业保险保障水平的影响因素及提升策略［J］．中国农村经济，2018（7）：34－45.

［210］王克，张峭，肖宇谷，汪必旺，赵思健，赵俊晔．农产品价格指数保险的可行性［J］．保险研究，2014（1）：40－45.

［211］王克，张峭．基于数据融合的农作物生产风险评估新方法［J］．中国农业科学，2013，46（5）：1054－1060.

［212］王丽，郭晔，林进．美国国家草原管理及其对我国的启示［J］．林业经济，2019，41（6）：123－126.

［213］王宁，李杰，李学文，赵辉．极端天气事件干旱对人类健康影响研究进展［J］．中国公共卫生，2015，31（3）：379－382.

［214］王顺庆．在我国推行生态保险的可行性研究［J］．生态经济，2010（1）：58－61.

［215］王维佳，王汶，杨熙，赵彦云．基于MODISGPP产品的冬小麦保险费率厘定方法研究［J］．地球信息科学学报，2020，22（7）：1578－1587.

［216］王文，王靖淑，陶奕源，程慧．人类活动对水文干旱形成与发展的影响研究进展［J］．水文，2020，40（3）：1－8.

［217］王祥，淮建军．基于三级分层框架的农业气象灾害多风险评估［J］．自然资源学报，2020，35（6）：202－213.

［218］王秀梅，董建军．基于广义线性模型估算内蒙古荒漠草原及典型草原地上生物量变化［J/OL］．草地学报，2020，28（6）：1711－1718.

［219］王亚许，吕娟，孙洪泉，屈艳萍，苏志诚．基于APSIM模型的辽宁省玉米旱灾风险评估［J］．灾害学，2017，32（3）：230－234.

［220］王艳琦．基于草畜平衡的锡林郭勒草原土地资源承载力评价［D］．呼和浩特：内蒙古师范大学硕士学位论文，2019.

［221］王有恒，张存杰，段居琦，等．中国北方春玉米干旱灾害风险评估［J］．干旱地区农业研究，2018，167（2）：263－270，278.

［222］王玉洁，秦大河．气候变化及人类活动对西北干旱区水资源影响研究综述［J］．气候变化研究进展，2017，13（5）：483－493.

[223] 王月琴．天气指数保险空间基差风险的量化评估研究［D］．北京：中国农业科学院博士学位论文，2020.

[224] 王云霞．内蒙古草地资源退化及其影响因素的实证研究［D］．呼和浩特：内蒙古农业大学博士学位论文，2010.

[225] 王振军．玉米旱灾气象指数保险的费率厘定研究——以甘肃省西峰区为例［J］．保险研究，2013（10）：44－49.

[226] 王芝兰，王静，王劲松．基于风险价值方法的甘肃省农业旱灾风险评估［J］．中国农业气象，2015，6（3）：331－337

[227] 魏红彦．财产保险合同中保险价值确定问题研究［D］．长春：吉林大学硕士学位论文，2016.

[228] 魏华林，龙梦洁，李芳．旱灾风险的特征及其防范研究——由西南旱灾和冬麦区大旱引发的思考［J］．保险研究，2011（3）：3－18.

[229] 威廉姆斯（Williams C. Arther），汉斯（Richard M. Heins）．风险管理与保险［M］．北京：中国商业出版社，1990.

[230] 王楠楠．牧草常见病害及其防治［J］．今日畜牧兽医，2017（9）：21.

[231] 乌力吉．放牧对内蒙古典型草原生态系统磷平衡的影响［D］．呼和浩特：内蒙古农业大学博士学位论文，2020.

[232] 乌日娜．松嫩草原干旱灾害风险动态评价及其保险纯费率厘定研究［D］．长春：东北师范大学博士学位论文，2017.

[233] 吴洪珍．基于主导因子的湖南省农业灾害风险评价［J］．中国农业资源与区划，2019，40（9）：84－91.

[234] 吴垠豪，王军．我国棉花生产风险区划及保险费率精算研究——以新疆各县（市）、兵团师为例［J］．经济问题探索，2012（11）：100－105.

[235] 吴占权．农作物保险金额确定方法比较［J］．合作经济与科技，2019，606（7）：62－63.

[236] 夏益国．美国乳业安全网保险机制探究［J］．中国农村经济，2016（9）：83－96.

[237] 肖宇谷，王克，何小伟，Holly Wang. 赔付模式对财政补贴型农

业保险风险保障的影响研究［J］．保险研究，2020（7）：63－76.

［238］谢世清，梅云云．天气衍生品的运作机制与精算定价［J］．财经理论与实践，2011，32（6）：39－43.

［239］谢远涛，杨娟．基于操作时间和广义线性混合模型的准备金评估技术研究［J］．保险研究，2014（3）：54－62.

［240］谢远涛，杨娟，刘皓宇．基于改进的自适应传播模型的农业风险区划分析［J］．统计与信息论坛，2017，32（1）：33－40.

［241］谢志刚，韩天雄．风险理论与非寿险精算［M］．天津：南开大学出版社，2000.

［242］邢鹂，高涛，吕开宇，等．北京市瓜蔬类作物生产风险区划研究［J］．中国农业资源与区划，2008，29（6）：55－60.

［243］邢鹂，钟甫宁．粮食生产与风险区划研究［J］．农业技术经济，2006（1）：21－25.

［244］秀英．风险管理视角下的草原畜牧业科技创新探讨［J］．科学管理研究，2012（2）：83－86.

［245］徐明超，马文婷．干旱气候因子与森林火灾［J］．冰川冻土，2012，34（3）：603－608.

［246］杨春，朱增勇，孙小舒．中国草原生态保护补助奖励政策研究综述［J］．世界农业，2019（11）：4－11，130.

［247］杨丽萍，韩德彪，姜宝法．干旱对人类健康影响的研究进展［J］．环境与健康杂志，2013，30（5）：453－455.

［248］姚成胜，胡宇，黄琳．江西省农业现代化发展水平综合评价及其推进路径与区域模式选择［J］．中国农业资源与区划，2020，41（5）：65－75.

［249］叶佳琦，李政海，乌云其其格，张靖，鲍雅静，胡志超，刘翀，徐媛，陈佳．呼伦贝尔草原、湿地和森林植被对气候变化的响应［J］．中国草地学报，2018，40（6）：26－32.

［250］叶涛，史培军，王平，等．综合风险防范：农业自然灾害风险评价与保险区划［M］．北京：科学出版社，2017.

［251］易沵泺，王季薇，王铸，等．草原牧区雪灾天气指数保险设

计——以内蒙古东部地区为例［J］．保险研究，2015（5）：69－77.

［252］于海达，杨秀春，徐斌，金云翔，高添，李金亚．10年来锡林郭勒盟草原植被长势变化及其影响因子分析［J］．地球信息科学学报，2013，15（2）：270－279.

［253］余瀚，王静爱，柴玫，史培军．灾害链灾情累积放大研究方法进展［J］．地理科学进展，2014，33（11）：1498－1511.

［254］于洋．农作物产量保险区域化差别费率厘定的可行性——基于非参数核密度估计实证［J］．统计与信息论坛，2013，28（10）：75－80.

［255］于洋，王尔大．多保障水平下农户的农业保险支付意愿——基于辽宁省盘山县水稻保险的实证分析［J］．中国农村观察，2011.

［256］余洋．基于保障水平的农业保险保费补贴差异化政策研究——美国的经验与中国的选择［J］．农业经济问题，2013，34（10）：29－35，110.

［257］玉山．内蒙古草原火行为及其模拟研究［D］．长春：东北师范大学博士学位论文，2020.

［258］袁佰顺，许彦平，姚晓红，等．基于春季晚霜冻害的天水苹果气候风险区划［J］．干旱区资源与环境，2015，29（2）：185－189.

［259］詹天宇，孙建，张振超，刘某承．基于meta分析的放牧压力对内蒙古高原草地生态系统的影响［J］．中国生态农业学报（中英文），2020，28（12）：1847－1858.

［260］张存厚，王明玖，赵杏花，郭瑞清，孙小龙．锡林郭勒草地畜草平衡分析［J］．中国草地学报，2011，33（3）：87－93.

［261］张存厚，张立，吴英杰，等．内蒙古草原干旱灾害综合风险评估［J］．干旱区资源与环境，2019，33（7）：117－123.

［262］张存厚，赵杏花，杨丽萍，朝鲁门，韩芳，姜新华，王明玖．基于CENTURY模型的内蒙古草地载畜量时空动态模拟［J］．干旱区资源与环境，2016，30（11）：197－202.

［263］张继权，范久波，刘兴朋，等．内蒙古呼伦贝尔市草原火灾危害度评价及预测［J］．灾害学，2010（1）：38－41.

［264］张继权，冈田宪夫，多多纳裕一．综合自然灾害风险管理——全

面整合的模式与中国的战略选择［J］. 自然灾害学报，2006（1）：33－41.

［265］张继权，刘兴朋，佟志军. 草原火灾风险评价与分区——以吉林省西部草原为例［J］. 地理研究，2007（4）：755－762.

［266］张继权，刘兴朋，严登华. 综合灾害风险管理导论［M］. 北京：北京大学出版社，2012.

［267］张继权. 农业气象灾害风险评价、预警及管理研究［M］. 北京：科学出版社，2015.

［268］张继权. 主要气象灾害风险评价与管理的数量化方法及其应用［M］. 北京：北京师范大学出版社，2007.

［269］张珺，任鸿瑞. 人类活动对锡林郭勒盟草原净初级生产力的影响研究［J］. 自然资源学报，2017，32（7）：1125－1133.

［270］张磊，王晓春. 满归地区兴安落叶松林火灾历史及其与干旱的关系［J］. 东北林业大学学报，2012，40（12）：81－86.

［271］张蕾，吕厚荃，程 路. 北方冬小麦趋势产量拟合方法探讨［J］. 天气预报，2014（5）：43－49.

［272］张连增，杨婧. 连续时间马尔可夫链在寿险精算多状态模型中的应用［J］. 数量经济技术经济研究，2014，31（2）：113－124.

［273］张美玲，蒋文兰，陈全功，赵有益，柳小妮. 草地净第一性生产力估算模型研究进展［J］. 草地学报，2011，19（2）：356－366.

［274］张前东，史春彦，张晓平，等. 长清区农业干旱灾害风险评价与区划［J］. 中国人口·资源与环境，2016（S2）：341－344.

［275］张峭，王克，李越，王月琴. 我国农业保险风险保障：现状、问题和建议［J］. 保险研究，2019（10）：3－18.

［276］张峭，王克. 我国农业自然灾害风险评估与区划［J］. 中国农业资源与区划，2011，32（3）：32－36.

［277］张峭. 中国农作物生产风险评估及区划理论与实践［M］. 北京：中国农业科学技术出版社，2013.

［278］张显峰，饶俊峰，潘一凡. 基于遥感的新疆蝗虫灾害渐进式修正预测方法［J］. 农业工程学报，2015（11）：210－216.

［279］张旭光. 奶牛保险的减损效果及对养殖户行为的影响［D］.

呼和浩特：内蒙古农业大学博士学位论文，2016.

［280］张玉环．国外农业天气指数保险探索［J］．中国农村经济，2017（12）：81－92.

［281］张玉环．美国、日本和加拿大农业保险项目比较分析［J］．中国农村经济，2016，1（11）：82－90.

［282］章祖同．草地资源研究［M］．呼和浩特：内蒙古大学出版社，2004.

［283］赵欣鑫，李玉霖，李有文，巨天珍．氮沉降增加和人类干扰对半干旱草地土壤呼吸的影响［J］．农业工程学报，2020，36（15）：120－127.

［284］赵玉，严武，李佳．基于混合Copula模型的水稻保险费率厘定［J］．统计与信息论坛，2019（8）：66－74.

［285］政府间气候变化专门委员会（IPCC）．气候变化2023［R］．2023.

［286］中国农业保险保障水平研究课题组．中国农业保险保障水平研究报告［M］．北京：中国金融出版社，2017.

［287］周磊．福建省海水养殖风险管理研究［D］．福州：福建农林大学博士学位论文，2017.

［288］周县华．我国种植业保险风险区划与分级费率定价研究——以吉林省玉米种植保险为例［J］．保险研究，2018（2）：72－84.

［289］周晓宇，赵春雨，崔妍，刘鸣彦，敖雪，李娜，李经纬．1961—2017年中国东北地区降雪时空演变特征分析［J］．冰川冻土，2020，42（3）：766－779.

［290］周延，郭建林．农业巨灾保险风险区划及费率厘定问题研究［C］//中国保险教育论坛．上海市社会科学界联合会，2011.

［291］朱慧明，郝立亚．非寿险精算中的贝叶斯信用模型分析［J］．数量经济技术经济研究，2007（1）：109－117.

［292］朱铭来，柴化敏．自然灾害风险可保性分析及其损失分散机制［J］．生态经济，2013（6）：24－29.

［293］朱彦，黄海洪，陈丹．构建广西自然灾害一体化综合防御体系的若干思考［J］．气象研究与应用，2020，41（3）：111－114.